Ferdinando Leonzio

Otello Marilli

ZeroBook
2018

Titolo originario: *Otello Marilli* / di Ferdinando Leonzio

Questo libro è stato edito da ZeroBook: www.zerobook.it.
Prima edizione: ottobre 2018
ISBN 978-88-6711-156-5

Controllo qualità ZeroBook: se trovi un errore, segnalacelo!
Email: zerobook@girodivite.it

Indice generale

Introduzione

Nel periodo in cui fummo assessori nella stessa Giunta Comunale (1973-75) di Lentini, nella Giunta cioè presieduta da Michelangelo Cassarino, Marilli ed io avevamo contratto, per motivi diversi, la stessa abitudine di uscire per ultimi da Palazzo Scammacca, spesso anche dopo il personale.

Capitava perciò di frequente che lasciassimo contemporaneamente la sede municipale e, poiché egli abitava in Via Garibaldi 103 ed io in una traversa di Via Vittorio Emanuele III, che facessimo un po' di strada assieme.

Fu durante quelle "passeggiate", interrotte da varie fermate, come per sottolineare l'importanza dell'argomento in quel momento trattato, che si sviluppò fra noi una notevole familiarità, un po' strana politicamente, trattandosi del rapporto tra un socialista ben radicato nelle sue scelte e un comunista allineato e disciplinato, com'era costume nel suo partito, anche se anomalo come formazione e mentalità, rispetto ai vanitosi burocrati e ai finti rivoluzionari destinati a diventare in seguito insipidi "democratici" (nel senso di aderenti al PD).

Fu in quelle occasioni che ebbi modo di apprezzare "da vicino" la grande statura di quel fiorentino fattosi lentinese e di conoscere il politico e la sua storia personale.

È vero che Lentini gli ha intitolato una via. Ma è anche vero che la società attuale, col suo sfacciato edonismo e con la sua disarmante superficialità, si avvia a diventare una società che dimentica, una società senza radici. E una società senza passato rischia di diventare una società senza futuro.

Il compito della storia, anche della microstoria, è quello di salvaguardare quelle radici per le generazioni future.

E la storia di Marilli merita di essere raccontata.

FL

Otello Marilli

Otello Marilli nacque a Firenze il 15 novembre 1915, alcuni mesi dopo l'ingresso dell'Italia nella prima guerra mondiale[1], da Ettore, macellaio, e da Olimpia Becucci, maestra di ricamo[2].

Il padre era titolare di una macelleria ben avviata che garantiva alla famiglia un discreto benessere. Tale relativa agiatezza, unitamente alla lucida intelligenza manifestata sin da giovanissimo, consentì al giovane Otello di intraprendere gli studi superiori, iscrivendosi al Regio Liceo Scientifico *Leonardo da Vinci*.

Ma nel 1932, quando aveva appena 17 anni, accadde qualcosa che gli sconvolgerà la vita. Fu coinvolto in un disgraziato incidente stradale[3] che gli procurò al volto delle cicatrici, che neanche le dispendiose cure effettuare nell'ospedale di Udine, allora all'avanguardia nella chirurgia plastica, riusciranno a cancellare.

Non è difficile immaginare quante sofferenze, non solo fisiche, una simile fatalità abbia potuto procurare ad un giovane di quell'età, alto, biondo, prestante, cui lo specchio ogni giorno ricordava la sua tragedia.

Per questo destano ripugnanza le maliziose calunnie messe in giro - anni dopo - sul suo conto, secondo cui quelle cicatrici gli erano state causate da un incendio avvenuto nella sede del partito

1 L'Italia entrò in guerra il 24 maggio 1915.

2 Otello era l'unico maschio dei quattro figli della coppia. Le sorelle erano Iolanda, Leonia e Giuliana.

3 Mentre girava in bicicletta, fu investito da un'auto.

fascista di Catania, in cui egli si trovava. Una falsità grande come la cattiveria di chi la inventò.

Il giovane Otello, comunque, non si perse d'animo e, l'anno seguente, conseguì la maturità.

Iscrittosi al *Regio Istituto Superiore Forestale ed Agrario* di Firenze, nel 1938 si laureò in Scienze Agrarie.

Gli anni universitari non erano passati infruttuosamente per Marilli neanche sotto il profilo politico, poiché in quel periodo egli era stato in contatto con altri giovani militanti del GUF[4], fiorentini e non, che avevano formato gruppi di confronto e di discussione[5], inizialmente per confutare la pretesa dei futuristi di considerarsi gli interpreti più autentici della politica culturale del regime. Il dibattito si era poi esteso a varie altre tematiche ed aveva finito per contestare il fascismo come tale.

Fu lo stesso Marilli a dirmi che notizie sul suo percorso politico giovanile potevano trovarsi in un libro di Ruggero Zangrandi[6], in cui si racconta la storia politica – nel decennio 1933/1943 - di gruppi di giovani intellettuali, militanti nelle organizzazioni giovanili del regime, formatisi in varie città italiane ad imitazione dell'iniziale

---

4 Gruppo Universitario Fascista.

5 Il gruppo più consistente era quello romano.

6 Ruggero Zangrandi *Il lungo viaggio attraverso il fascismo*, Feltrinelli, 1976.

gruppo romano[7], che cominciavano ad interrogarsi sul regime fascista, l'unico che essi avevano potuto conoscere.

I giovani, dopo un po' tenuti sotto osservazione dalla polizia fascista[8], si erano divisi tra coloro che avrebbero voluto modificare certi aspetti del regime dall'interno dello stesso e quelli invece disposti a passare all'antifascismo vero e proprio. Questa divisione e la necessità di essere assai prudenti avevano portato poi allo sgretolamento dei gruppi contestatori.

In ogni caso diversi giovani di varia tendenza finiranno per approdare all'aperto antifascismo e, durante la guerra, alcuni di essi saranno deportati in Germania.

Non deve meravigliare questo *lungo viaggio attraverso il fascismo*, a volte tormentato da dubbi e contraddizioni, di Otello Marilli, perché si è trattato di un percorso di maturazione comune a molti, anche ad eminenti personalità antifasciste, che ebbero un'esperienza giovanile nelle organizzazioni del regime.

Nel 1939 il Nostro conseguì l'abilitazione all'esercizio della professione presso la facoltà di Agraria dell'Università di Torino e quindi la specializzazione in Agricoltura Coloniale presso L'Istituto Agronomico per l'Africa Italiana di Firenze, qualifica quest'ultima che lo porterà a un viaggio in Africa per uno studio sul posto. Nel 1940 vinse un concorso come assistente di Meccanica Agraria

---

7 La prima riunione di questo gruppo ebbe luogo il 16 marzo 1933. I giovani partecipanti erano animati da un ancora confuso spirito critico che *non trovava appagamento negli schemi che la dottrina e la propaganda ufficiali avevano appositamente elaborato specialmente per loro, i giovani* (Zangrandi, cit., pag. 24).

8 Dal 1935 furono controllati dall'OVRA (Organizzazione di Vigilanza e Repressione dell'Antifascismo), cioè dallo spionaggio fascista.

all'università di Pisa e successivamente fu assunto all'Ente per il Cotone dell'Africa Italiana (ECAI), e, di conseguenza, si trasferì a Roma.

La guerra, i bombardamenti, le persecuzioni antiebraiche, i contatti con gli amici del periodo universitario probabilmente portarono a conclusione il suo giudizio critico nei confronti del fascismo.

La critica divenne avversione e il gruppo con cui Marilli era in contatto – come mi confidò l'interessato - si spostò su posizioni repubblicane con venature anarchiche, che poi lo portarono, dopo la liberazione di Roma[9] ad aderire, su posizioni laiche, razionalistiche, solidaristiche al Partito Repubblicano Italiano (PRI)[10] e a collaborare al suo giornale *La Voce Repubblicana*[11].

---

9 Le truppe americane, comandate dal generale Clark, entrarono a Roma il 4 e 5 giugno 1944, accolti festosamente dalla popolazione di Roma, prima occupata dall'esercito nazista comandato dal feldmaresciallo Kesserling.

10 Alcuni esponenti repubblicani, come Oronzo Reale, Ugo La Malfa e Bruno Visentini, durante la guerra avevano aderito al Partito d'Azione (Pd'Az.); altri, come Giovanni Conti e Cino Macrelli, il 25-7-1943 (caduta di Mussolini), proclamarono la ricostituzione del PRI; altri, nell'ottobre 1943, tennero un congresso in esilio a Portsmouth (Gran Bretagna); altri ancora parteciparono, nel dicembre successivo, a un congresso clandestino nell'Italia occupata. I repubblicani parteciparono alla Resistenza con le loro *Brigate Mazzini* (Oddo Biasini, Libero Gualtieri, Osvaldo Abbondanza). Il convegno del 26-27 maggio 1945 eleggerà segretario politico del PRI Randolfo Pacciardi (1899-1991), già comandante delle *Brigate Garibaldi* nella guerra civile spagnola.

11 *La Voce Repubblicana*, organo del PRI, già soppressa dal governo fascista nel 1926, riprese le pubblicazioni nell'agosto 1943, sotto la direzione dell'on.

Nel 1945 Marilli lascia l'ECAI e si trasferisce a Palermo[12] come amministratore del giornale *La Regione Siciliana*, diretto da Aurelio Natoli[13] e trova lavoro presso l'*Ente di Colonizzazione del Latifondo Siciliano* (ECLS), istituito dalla legge 2 gennaio 1940 n.1, con il compito di assistere tecnicamente e finanziariamente i proprietari nell'opera di trasformazione dei terreni agricoli e di colonizzare direttamente le terre di cui l'Ente fosse venuto in possesso[14].

Alla guida dell'ECLS, come direttore generale, stava il torinese ing. Mario Ovazza[15], col quale Otello, diventato nel 1946 direttore zonale

---

Giovanni Conti (1882-1957).

12 Partecipa anche alla battaglia elettorale per il referendum istituzionale e per l'Assemblea Costituente, tenendo un comizio a Catania.

13 Aurelio Natoli (1888-1970) sarà eletto, per il PRI, all'Assemblea Costituente. Esule antifascista in Francia, nel 1926 era stato fra i promotori della *Concentrazione di Azione Antifascista*, ufficialmente costituitasi l'anno dopo con l'adesione del PRI, del PSI, del PSLI, della LIDU e della CGL. Del primo esecutivo della *Concentrazione* facevano parte i repubblicani Mario Pistocchi e Fernando Schiavetti. Nel 1932 Natoli si era rifugiato nella Spagna repubblicana, dove aveva operato con altri antifascisti di varia formazione.

14 Nel 1946 le competenze in materia di agricoltura saranno affidate alla Regione Sicilia. La riforma agraria fu perciò gestita dall'Assessorato Regionale all'Agricoltura che, nei primi anni, si avvalse dell'ECLS, che, dal 1950, divenne Ente per la Riforma Agraria in Sicilia (ERAS).

15 Mario Ovazza, ingegnere torinese nato nel 1897 era stato combattente decorato della 1a guerra mondiale. Divenuto Direttore generale dell'Ente di Colonizzazione del latifondo Siciliano (ECLS), fu poi deputato comunista all'ARS dalla 2° alla 5° legislatura. Si occupò prevalentemente di economia agraria e di cooperazione, battendosi per i braccianti siciliani, di cui aveva sposato la causa.

per alcune province orientali[16] instaurò un rapporto di amicizia e di solidarietà che andava oltre la loro attività professionale.

In seguito ad una ristrutturazione dell'Ente tuttavia sul finire del 1947 Marilli perse il lavoro, ma rimase nel campo della problematica agricola come capo dell'Ufficio tecnico interprovinciale[17] dell'Unione Siciliana delle Cooperative Agricole (USCA), avente come scopo l'assistenza alle cooperative agricole che avevano avuto in concessione terre incolte.

La permanenza in Sicilia, da allora ininterrotta, e lo studio "sul campo" dei problemi agricoli dell'isola lo misero ben resto in contatto con la triste realtà di un bracciantato affamato e vessato da un padronato ingordo e semifeudale, spesso sostenuto dagli apparati repressivi dei gruppi parassitari e malavitosi che si ingrassavano alle spalle dei lavoratori.

L'intellettuale dal parlare forbito e cordiale e vagamente ironico, venuto dal Continente in una terra lontana di cui non imparò mai il dialetto, dimostrò allora di avere non solo una solida preparazione professionale, ma anche una profonda sensibilità umana che lo indusse a solidarizzare con i lavoratori della terra, a immedesimarsi nella loro drammatica situazione lavorativa, spesso ai limiti della sopravvivenza, e a lasciare la fredda neutralità della scienza, per schierarsi apertamente con la causa dei lavoratori e a fianco delle organizzazioni politiche che con più

---

16 Messina, Catania, Siracusa e Ragusa. In tale veste Marilli girò numerosi comuni siciliani, fra cui Palagonia dove conobbe la futura moglie Pina Dicuzzo, da cui avrà quattro figli: due femmine e due maschi.

17 Per Agrigento, Caltanissetta ed Enna.

vigore e determinazione si battevano per il proletariato agricolo siciliano, delle cui sofferenze divenne partecipe e al cui servizio decise di mettere la sua competenza, la sua esperienza e la sua intelligenza: egli si fece così siciliano e proletario per sua libera e irreversibile scelta.

A questa presa di coscienza contribuì anche la frequentazione con Girolamo Li Causi[18], carismatico leader dei comunisti siciliani[19] e col già citato Mario Ovazza, che dei problemi del bracciantato siciliano si occupavano a tempo pieno per conto del partito comunista isolano, allora la forza politica più rappresentativa della "sinistra di classe"[20], che si batteva con grande determinazione per il riscatto dei braccianti siciliani e contro la malavita isolana al servizio degli agrari, contro le intimidazioni, i pestaggi e gli omicidi a danno di sindacalisti.

---

18 Girolamo Li Causi (1896-1977), già militante nella corrente terzinternazionalista del PSI, nel 1924 aderì al PCdI. Nel 1928 fu arrestato per attività antifascista. Uscì dal carcere nel 1943 e partecipò alla Resistenza. Parlamentare dal 1946 per molte legislature, fu il primo segretario regionale del PCI siciliano.

19 Nei primi anni '50 Li Causi terrà a Lentini un comizio, ascoltato da una gran folla in religioso silenzio nonostante l'ora tarda, interamente in dialetto siciliano.

20 Il PSI, che non aveva mai avuto un'organizzazione paragonabile a quella del PCI, dal gennaio 1947 era stato ulteriormente indebolito dalla scissione socialdemocratica di Saragat. Anche i socialisti comunque diedero alla lotta per la terra un contributo significativo, anche di sangue: basti citare i casi più famosi di Placido Rizzotto (Corleone) e di Salvatore Carnevale (Sciara).

Il 1948 fu l'anno in cui il Nostro compì la sua più grande e definitiva scelta, che non fu solo una scelta politica, ma anche una scelta di vita. Scosso infatti dalla virulenza con cui si era svolta la campagna elettorale per il voto del 18 aprile e dal clima pesante che aleggiava nelle campagne siciliane, in cui alla miseria braccantile si contrapponevano spesso la protervia e la prepotenza del baronato isolano, maturò la decisione di aderire al PCI.

A questa scelta Marilli rimase sempre fedele, anche nei momenti meno buoni della sua militanza. Ma fu sempre, a mio avviso, un "comunista anomalo", lontano da ogni schematismo e alieno da irrigidimenti ideologici, sempre aperto al confronto e alla discussione, rispettoso degli avversari e immune da ogni forma di settarismo. In questa sua "anomalia" un ruolo importante probabilmente giocava il suo antico spirito laico e razionalista, scevro da ogni forma di intolleranza e di dogmatismo, anche quando gli steccati che separavano le due concezioni del mondo, quella comunista e quella anticomunista, erano ancora assai alti.

Nel 1949 lo troviamo a Catania, docente di Meccanica Agraria all'Università e dirigente di primo piano della federazione provinciale comunista.

Ma quello che, anche allora, lo impegnava e affascinava di più, per la concretezza della materia del tutto consona al suo carattere pragmatico, era l'altro suo ruolo di presidente provinciale della Lega Nazionale delle Cooperative, ben presto divenuto la sua principale attività, al servizio della quale impegnava tutta la sua esperienza e tutta la sua preparazione.

Nel campo della agricoltura e della politica agricola diventò ben presto un'autorità prestigiosa e un punto di riferimento anche per il suo Partito, da sempre attento alle competenze, che ritenne perciò utile inviarlo in Parlamento, favorendone[21] l'elezione per la seconda legislatura repubblicana[22] 1953-1958, quella segnata dalla clamorosa bocciatura della cosiddetta "legge-truffa".

La sua attività parlamentare fu intensa, come attestano le sue 41 proposte di legge e i suoi 46 interventi in aula: i suoi interessi riguardavano prevalentemente i problemi dell'agricoltura, la riforma agraria, il riscatto delle plebi siciliane e il .sostegno alle lotte sindacali.

La grande considerazione di cui godeva nel partito è testimoniata anche da un documento, datato 1° aprile 1954 e intitolato *Materiale di orientamento e di documentazione per le assemblee congressuali di partito*[23], che contiene un intervento di Marilli, che è un vero manifesto programmatico del PCI[24] sulle problematiche agricole che vedevano coinvolte tutte le categorie dei lavoratori delle campagne:

---

21 Il PCI, unico fra i partiti politici italiani, fu per lungo tempo capace di orientare le preferenze dei suoi elettori, scegliendo così, di fatto, i suoi rappresentanti a tutti i livelli istituzionali.

22 Marilli fu eletto nel collegio della Sicilia orientale.

23 Una copia del documento è conservata presso l'Istituto *Gramsci* di Palermo.

24 L'intervento di Marilli è intitolato *Sulla riforma agraria e i nostri compiti di lotta nelle campagne*.

Non vi è dubbio che in questi ultimi anni il movimento contadino ha compiuto notevoli progressi per il modo in cui sono stati e vengono affrontati i problemi delle categorie. È altrettanto vero, però, che la lotta per la terra si è sviluppata lentamente, mentre l'applicazione della legge stessa è molto arretrata; anzi, gli agrari riescono talvolta a fare ridurre le quote di scorporo, al di sotto delle superfici indicate dagli stessi piani pubblicati. Ciò è dovuto fondamentalmente alla stessa complessità delle questioni che sorgono e alla difettosità della stessa; tuttavia non si debbono sottovalutare alcuni nostri errori [...]

[...] ci siamo poi troppo attardati sull'analisi degli inconvenienti cui il modo reazionario di applicare la legge dà luogo. Impegnati nelle discussioni con i quadri di base e con i contadini stessi circa i tranelli cui sono sottoposti e i modi (a volte complicati e lunghi) di difendersi da essi, non sempre abbiamo portato avanti, con la forza necessaria, l'esigenza che si proceda subito alle assegnazioni, intanto per togliere le prime terre dalle mani degli agrari [...]

[...] Anche nel campo organizzativo nel passato abbiamo talvolta commesso qualche errore di schematismo, con notevoli difetti di coordinamento. A un certo punto, differenziando il lavoro contadino, si perse ancora la visione dei compiti delle Camere del Lavoro. Tale difetto fu corretto presto. A Catania, a tal fine, fra Federbraccianti, Federmezzadri, Unione Contadini, Federazione delle Cooperative vi è un comitato di coordinamento, una specie di comitato di Federterra che si riunisce regolarmente e che impedisce di ripetere alcuni vecchi errori [...].

Durante il suo quotidiano lavoro Marilli era spesso a stretto contatto con le realtà locali, che ne richiedevano l'aiuto e il consiglio, vedendo in lui il prestigioso dirigente che aveva saputo amalgamare la sua vasta competenza tecnica col suo appassionato impegno politico a fianco dei lavoratori della terra.

La fama di grande esperto nella sua materia e il suo ruolo di cooperatore portarono Marilli anche a Lentini[25], che alle elezioni del 7 giugno 1953 gli diede largo sostegno, mentre venivano apprezzati, nel partito e fuori, sempre più la sua serietà e il suo equilibrio.

Fu proprio in occasione della campagna elettorale del 1953 che la Città di Gorgia venne a contatto con un nuovo tipo di oratoria. La tradizione sofistica, mai del tutto spenta a Lentini, si trovò con sorpresa ad ascoltare discorsi affatto diversi da quelli dei grandi oratori[26] di tutte le scuole e orientamenti che nel tempo avevamo parlato o parleranno alle masse lentinesi, scuotendole fin nelle viscere, come Maria Giudice, Bianca Bianchi[27], Nello Arena, Giovanni Pattavina, Giacomo Calandrone, Pino Calabrò, Ludovico Corrao, Giorgio Almirante, Salvatore Corallo, per citarne solo alcuni.

---

25 La sua prima venuta a Lentini risale al 1951, in occasione di una sua visita alla cooperativa *Unione*.

26 Assai apprezzato come oratore fu, negli anni '50, un monaco, padre Balestrieri, per le sue drammatiche prediche sul Venerdì Santo e sulla crocifissione in particolare, tali da suscitare commozione e ammirazione anche in atei incalliti.

27 Per una biografia delle due celebri oratrici vedi, di Ferdinando Leonzio *Donne del socialismo*, ZeroBook, 2017.

Marilli non era un grande oratore: parlava tenendo quasi sempre in mano dei foglietti di appunti, una specie di scaletta che ogni tanto sbirciava, ripeteva spesso la stessa parola, come per prendere tempo onde organizzare il pensiero successivo. Il suo discorso però grondava di logica, di razionalità, egli snocciolava cifre e fatti, proposte e soluzioni a portata di mano: non parlava al cuore, ma al cervello, come si addice ad un razionalista, ad un tecnico, ad un uomo concreto quale egli effettivamente era.

Marilli fece parte, per tutta la legislatura della IX commissione *Agricoltura e Alimentazione*, dove ebbe modo di arricchire ulteriormente il suo pur vasto bagaglio in materia. Ormai votato alla causa che aveva scelto, lasciò il suo incarico all'Università e divenne quello che allora si diceva, con linguaggio gramsciano, un *intellettuale organico*, cioè perfettamente integrato con la classe sociale e con i valori per cui aveva scelto di lottare e che ora rappresentava in Parlamento.

Successivamente fu chiamato a reggere, in qualità di segretario, la Federazione Provinciale di Siracusa[28]. In tale veste ovviamente intensificò i suoi rapporti con la sezione di Lentini, la più forte della provincia, che dal 1952 aveva conquistato il Comune. Ad esempio, Marilli si impegnò, accanto al deputato regionale Mario Strano[29] per la risoluzione della questione del Biviere[30], il cui

---

28 Questi spostamenti di funzionari, anche importanti e parlamentari come Marilli, da una provincia all'altra, secondo le necessità organizzative del partito, erano normali nel PCI, strutturato secondo il principio leninista del "centralismo democratico". Marilli era anche componente del Comitato Regionale del PCI.

prosciugamento si era lasciato dietro la disoccupazione di quanti da quel lago traevano sostentamento[31].

Ma fu nel 1956, alla vigilia del rinnovo del Consiglio Comunale, che il destino di Otello Marilli si incrociò con quello della Città di Lentini.

La sezione del PCI del grosso centro agricolo siciliano, grande produttore di agrumi, con i suoi circa seimila braccianti compattamente schierati col PCI e con la CGIL , aveva alle spalle una storia tutta particolare.

Ricostituitasi clandestinamente nel 1933 con la segreteria dell'ebanista Filadelfo Nigro, la sezione lentinese del PCI[32], guidata dai vecchi dirigenti antifascisti[33],   già all'indomani della

_____

29 Mario Strano, prestigioso dirigente comunista era stato alla testa del movimento contadino lentinese ed uno dei protagonisti dei famosi *fatti della Vaddara*, la cui eco era arrivata in Parlamento. Alle elezioni regionali del 5 giugno 1955 Strano fu eletto deputato all'ARS. In quell'occasione il PCI a Lentini si attestò al 44,5 %.

30 Sul Biviere si possono vedere i seguenti lavori: Francesco Valenti *Il Biviere di Lentini* Ebook; Melinda Miceli *Il lago di Lentini*, APED, 2004; Salvatrice Tocco *Il Lago di Lentini*- Tesi di laurea (Università di Catania-Facoltà di Scienze Matematiche, Fisiche e Naturali) A.A. 1989-90.

31 Su questo tema tuttavia risolutiva fu l'azione del segretario della sezione democristiana Enzo Nicotra, sostenuto dall'on. Gaetano Lo Magro. In proposito si può vedere di Ferdinando Leonzio *Intervista ad Enzo Nicotra* APED, 2005.

32 Sulle origini del PCI lentinese vedi articolo di Ferdinando Leonzio *Appunti sulle origini del PCI di Lentini*, pubblicato il 19-8-2017 su *Girodivite*.

33 Filadelfo Nigro, Filadelfo Santacono, Ignazio Magrì, Tano Giudice, Cirino Speranza, Sebastiano Scatà, Paolo Di Giorgio, ecc.

Liberazione si era dovuta spesso confrontare con la dissidenza, a volte interna, a volte autonoma, del forte gruppo che si riconosceva nelle posizioni rivoluzionarie del giovane Neddu Arena, già confinato e perseguitato politico. Alla fine, nel 1946, la dissidenza era stata ricomposta, anche grazie al decisivo intervento del senatore Umberto Fiore[34], e Nello era rientrato nei ranghi del partito, senza più svolgere ruoli particolari, benché considerato, per la sua intelligenza ed onestà, punto di riferimento di molti comunisti.

Nel 1948 la dirigenza comunista della vecchia guardia aveva avuto uno sbandamento in seguito ai cosiddetti *Fatti della Vaddara*, uno sciopero "alla rovescia" troncato da un massiccio intervento della forza pubblica. Questo episodio aveva indotto la Federazione di Siracusa del PCI ad aprire la gestione della sezione di Lentini al forte gruppo giovanile locale, ben organizzato ed allineato. Questa nuova dirigenza con grande determinazione si era poi liberata dei gruppi interni rivali[35] e poi elettoralmente anche del concorrente partito socialdemocratico, impersonato a Lentini dal suo leader storico, il famoso Filadelfo Castro, finendo anche per conquistare il Comune nelle elezioni del 1952.

Tuttavia, proprio nel momento in cui si era consolidato nel partito il raggiunto assetto, esso era stato incrinato dal cosiddetto "scandalo del ferro", che aveva avuto forti ripercussioni nella base e

34 Umberto Fiore (1896-1978) si iscrisse giovanissimo al PSI. Nel 1921 aderì al PCdI e nel 1926 fu confinato e incarcerato. Dopo la guerra fu deputato alla Costituente e poi senatore per quattro legislature.

35 In particolare era riuscita a cancellare ogni influenza dei due gruppi ruotanti attorno a Nello Arena e al cooperatore on. Francesco Marino.

nella Città, anche se successivamente si era alquanto sgonfiato. Sicché, dopo due segreterie di transizione di Mario Strano e di Giulio Brunno (già segretario della CGIL[36]), si era affermato un gruppo "centrista"[37] che aveva cercato di mantenere un delicato equilibrio fra i fedelissimi di Arena, che cominciavano a risvegliarsi dal letargo politico in cui erano rimasti per vari anni e i nuovi quadri emergenti, ben allineati alla politica nazionale del partito, che era quella togliattiana del *partito nuovo*, cioè di un partito organizzato di massa, fortemente presente nelle istituzioni , anche grazie alla sua possente macchina elettorale, i quali avevano trovato un *leader* intelligente e determinato in Guido Grande.

Il PCI lentinese, inoltre, sostanzialmente partito di braccianti e di pochi artigiani ex massimalisti, era da sempre privo di quadri intellettuali[38], il che aveva in certo senso incentivato le aspirazioni dei seguaci di Arena, speranzosi che la guida della lista del partito alle imminenti elezioni comunali del 27 maggio 1956 fosse affidata

---

36 Questi facili passaggi dal sindacato al PCI e da questo al sindacato non erano infrequenti, essendo favoriti anche dall'assenza di una corrente socialista nella Camere del Lavoro di Lentini, in cui del resto, dopo la scissione di Castro del 1947, mancava anche una presenza organizzata del PSI. I sindacalisti socialdemocratici si erano poi organizzati nella UIL, a Lentini allora insignificante.

37 Il gruppo aveva espresso due segretari molto stimati: Nicolò Manganaro ed Angelo Peluso.

38 Nel 1952, conquistata la maggioranza in Consiglio Comunale, il PCI aveva fatto eleggere sindaco il "socialista nenniano" (così si diceva allora dei militanti del PSI, per distinguerli dai "socialisti saragattiani" o socialdemocratici) prof. Peppino Ferrauto.

a Neddu, intellettuale autodidatta di notevole cultura, di gran lunga il più preparato fra i militanti comunisti di allora. Il che però avrebbe incontrato la più netta opposizione del gruppo contrapposto e probabilmente avrebbe innescato nuove spaccature nel partito.

Il gruppo "centrista", preoccupato di salvaguardare il delicato equilibrio raggiunto nella sezione, di fronte ad un'oggettiva impossibilità di mediazione fra le due ali estreme, ebbe però un'intuizione che incontrò pienamente il favore della segreteria regionale[39], a sua volta desiderosa di salvaguardare l'unità del partito e di porre fine a ogni settarismo nella forte sezione di Lentini: occorreva cioè ricorrere a un capolista, e quindi candidato alla sindacatura, di alto prestigio, da tutti indiscusso e accettato. E chi poteva essere costui se non Otello Marilli, deputato nazionale e segretario provinciale, amato e stimato da tutti i comunisti di Lentini?

La società lentinese di allora era frontalmente spaccata in due tronconi nettamente contrapposti: da un lato la grande massa bracciantile formata soprattutto da *jurnatari*[40] , spesso abitanti in tuguri indegni di un Paese civile, con i figli scalzi e malnutriti, con un analfabetismo assai diffuso, costretti a lottare ogni giorno per la sopravvivenza fisica, dipendente dalle stagioni, dalla clemenza del tempo, dalla voglia dei padroni, quasi mai propensi ad investire, spesso solo a consumare; dall'altro i "proprietari" (della terra coltivabile), non solo i grandi latifondisti, ma anche i piccoli

---

39 Era allora segretario regionale l'on. Girolamo Li Causi.

40 Lavoratori a giornata.

coltivatori di agrumeti[41] che guardavano con sospetto i braccianti, che per loro rappresentavano il "pericolo rosso", coloro che avrebbero voluto "dividersi" le loro proprietà e dunque insidiare, se non tenuti a freno, il loro privilegio, fonte di vita agiata e di posizione sociale solida. Poco contavano i pochi intellettuali di area laica o socialista, "confinati" nei loro dibattiti culturali, forzatamente elitari, e a volte soggetti a tentazioni paternalistiche. Quasi a codificare la netta divisione in classi, così ben marcata dalla proprietà della terra, era inoltre intervenuta la nuova legge elettorale che assegnava i tre quarti dei seggi del Consiglio Comunale, dunque a Lentini 30 su 40, alla lista prima classificata e i restanti seggi alla minoranza più forte. Tale legge dunque favoriva la formazione di liste di coalizione piuttosto che di partito, se si volevano vincere le elezioni o almeno assicurarsi una rappresentanza in Consiglio Comunale.

------

41 Molti piccoli proprietari, ormai membri a tutti gli effetti della borghesia lentinese, erano pervasi da questo livore antiproletario e antisocialista più che i "signori", i cosiddetti "cavallacci", le cui proprietà, spesso date a mezzadria o in enfiteusi, erano di origine feudale; i quali "cavallacci" erano più distaccati dal conflitto sociale e più dediti a parlare di balli, di donne, di giochi, di "vita di società". La brutale contrapposizione fra i proletari e i piccoli coltivatori andrà affievolendosi nel tempo man mano che sarà applicata la riforma agraria, con cui di ingrosseranno dei file dei piccoli proprietari e si assottiglierà di molto il numero dei lavoratori senza terra. Si creeranno poi a Lentini due organizzazioni di coltivatori. I "Coltivatori Diretti" il cui più noto dirigente fu il democristiano cav. Salvatore Butera e l'"Alleanza Contadina", a lungo presieduta dall'indipendente di sinistra Turi Formica, intimo di Marilli.

La lista denominata "Gorgia", capeggiata da Otello Marilli era composta da candidati del PCI (di varia collocazione interna) e del PSI[42], allora ancora uniti, anche se ancora per poco, dal Patto di unità d'azione.

La coalizione contrapposta, organizzata nella lista "Torre civica" era costituita dalla Democrazia Cristiana, in cui stava cominciando a farsi strada la *leadership* del giovane avvocato Enzo Nicotra, dai residui del partito liberale, ormai visto soprattutto come il difensore più accreditato della proprietà privata, dal Movimento Sociale Italiano e, cosa che suscitò un certo stupore, dal PSDI di Castro, a causa del passato antifascista di quest'ultimo. In questa circostanza Lentini raggiunse il primato del minor numero (solo due) di liste in una competizione elettorale[43].

La campagna elettorale si svolse perciò all'insegna del muro contro muro, nonostante i tentativi di dialogo Marilli-Nicotra[44].

---

42 Il PSI, scomparso dalla scena politica lentinese dopo la scissione socialdemocratica di Castro del 1947, si era da poco ricostituito per impulso di alcuni giovani, come l'avv. Filadelfo Pupillo, il presidente dei cacciatori Sebastiano Centamore, il dipendente comunale Peppino Battiato, sotto la guida autorevole della vecchia guardia, rappresentata dalle segreterie del pittore Peppino Aliano prima e dell'ex ferroviere Gaetano Zarbano poi. Vi affluiranno in seguito ex comunisti come Sebastiano Ventura e Turi Cattano ed ex socialdemocratici, come Alfio Ferrauto ed Alfio Floridia.

43 Il primato opposto, per il maggior numero di liste, sarà raggiunto alle comunali del 12 e 13 giugno 2004, con 24 liste partecipanti.

44 "Ricordo che più volte mi menzionò nei suoi comizi", ha raccontato, anni dopo, lo stesso Nicotra (vedi, di Ferdinando Leonzio *Intervista ad Enzo Nicotra*, APED, 2005, pag. 240).

Le urne decretarono la vittoria della sinistra che ottenne 8388 voti, pari al 54 % e 30 consiglieri, di cui, inizialmente 22 del PCI[45], 7 del PSI[46] e 1 indipendente[47].

La coalizione di centro-destra si fermò a 7148 voti (44 %) e 10 consiglieri, di cui 4 della DC[48], 2 del PLI[49], 3 del MSI[50] e 1 del PSDI[51].

---

45 Fra gli eletti comunisti Otello Marilli, Nello Arena (che terrà un basso profilo per tutta la legislatura), i sindacalisti Ciccio Ciciulla e Fortunato Mastrogiacomo, il rag. Vitale Martello (futuro sindaco), Cirino Garrasi (appassionato sportivo, figlio di 'Nzulu, ex trombettiere della fanfara socialista), Alfio Raiti (unico esponente della vecchia guardia, già eletto nel 1946 e nel 1952).

46 Per il PSI entrarono in Consiglio Comunale, fra gli altri, Gaetano Zarbano (segretario della sezione), Luigi Di Pietro (che diverrà decano dei socialisti lentinesi, essendo vissuto fin oltre i 100 anni), l'ex assessore Alfio Ferrauto, il fabbro Alfio Floridia (ex partigiano in Jugoslavia), l'avv. Filadelfo Pupillo (nipote dell'on. Francesco Marino), Sebastiamo Centamore (futuro *leader* della sezione e marito di Elena Nipitella, prima donna lentinese a sedere in Consiglio Comunale, di cui aveva fatto parte nel 1946).

47 Il dott. Edoardo Ottimo, indicato nella quota PSI.

48 L'avv. Alessandro Tribulato (ex commissario della sezione dc e futuro sindaco di Lentini), il prof. Alfio Rossitto e l'ing. 'Nzinu Ragazzi (democristiani della prima ora), l'avv. Enzo Nicotra (astro sorgente della locale DC, segretario della sezione e futuro deputato).

49 Gli avvocati Alfio Sgalambro (ispettore onorario ai monumenti e noto intellettuale) e Tano Di Mauro.

50 Il MSI fu rappresentato dal rag. Sebastiano Neri (fondatore della sezione missina), dall'ing. Sebastiano Angelico e dal prof. Salvatore Ciancio (grecista, autore di numerose opere sulla *Leontìnoi* greca).

Il 18 giugno 1956 il nuovo Consiglio Comunale[52] elesse sindaco di Lentini Otello Marilli, con 27 voti su 38 presenti[53]. Dopo l'investitura, Marilli tenne un discorso di grande apertura nei confronti delle opposizioni, un discorso "gradualista", assai lontano dai sogni rivoluzionari da cui un tempo era stata pervasa la sezione comunista di Lentini, una posizione "riformista" che assomigliava tanto a quella socialista, come io a volte, maliziosamente, gli facevo notare:

> *Invito e prego tutti i consiglieri ad operare col Sindaco e con la Giunta[54] nell'interesse del popolo, superando gli interessi di parte, il che non significa rinunciare, neppure per un istante, alle proprie ideologie e convinzioni, ma significa porle a servizio della collettività. Non esporrò alcun programma, poiché il popolo ha giudicato già sulla base di programmi o, per lo meno, speranze e fiducia nei programmi.*
>
> *Non dovremo tradirli, né noi né voi.*

---

51 Filadeldo Castro (ex primo cittadino nel 1920, nel 1946 e nel 1948-52)

52 Non c'era allora l'elezione diretta del sindaco.

53 I due assenti erano della maggioranza, Marilli (con signorile stile politico), si astenne dal voto. La minoranza votò per l'avv. Tribulato, che ottenne 9 voti. L'unica scheda bianca era probabilmente del Tribulato che, in quanto a signorilità, non era certo inferiore a Marilli. Erano due "cavalieri antichi", razza di cui oggi sembrano essersi perse le tracce.

54 Assessori effettivi della giunta Marilli erano: Adelma Lelli (moglie dell'on. Mario Strano), Cirino Garrasi, Vitale Martello (PCI), Gaetano Zarbano (vicesindaco), Filadelfo Pupillo (PSI), Edoardo Ottimo (ind.), i supplenti erano Fortunato Mastrogiacomo (PCI) e Sebastiano Centamore (PSI).

Dovrà essere fatto ogni sforzo per inserire le forze dell'opposizione nella concretezza dell'Amministrazione (Commissioni, ecc.) e domani, chissà, nella Giunta.

Sarà in ogni caso un nostro dovere non lasciar cadere nessuna idea buona, da qualunque parte venga. Quando trasformerete idee buone in proposte [...] le faremo nostre e le realizzeremo assieme, e senza egoismo.

Quando farete delle critiche utili vi ingrazieremo e ce ne serviremo in modo positivo per correggere eventuali errori che ogni uomo (singolo o associato) commette[55].

L'appello fu sostanzialmente raccolto con gli interventi degli avvocati Alfio Sgalambro e Alessandro Tribulato.

Otello Marilli

55 Sul discorso di Marilli si veda il libro di Ferdinando Leonzio *Lentini 1892-1956-Vicende politiche*, ZeroBook, 2018.

I problemi che l'amministrazione Marilli si trovò ad affrontare erano quelli di un grosso centro agricolo, la cui economia era imperniata essenzialmente sulla produzione ed esportazione degli agrumi, fonte di benessere per proprietari e commercianti e di lavoro per vaste e combattive masse lavoratrici[56]. Accanto a tale floridezza economica, tuttavia sopravvivevano sacche di povertà assolutamente intollerabili, specie per quanto riguardava gli alloggi, molti dei quali erano condivisi con gli animali, mentre lo sviluppo edilizio si realizzava in maniera caotica e la rete idrica, quella elettrica, quella stradale esigevano interventi strategici e decisivi.

Si rendeva dunque necessaria l'adozione, in mancanza di un Piano Regolatore, di un Piano di fabbricazione.

All'insegna dello spirito di apertura praticato dal Marilli, l'incarico per la sua redazione fu dato a tre tecnici: l'ing. Salvatore Colosi (PCI), l'ing. Vincenzo Ragazzi (consigliere comunale della DC) e l'ing. Sebastiano Angelico (consigliere comunale del MSI).

Non mancarono inoltre azioni di sostegno a favore della popolazione più povera e un'attenzione particolare fu indirizzata al ginnasio-liceo, fiore all'occhiello della Città di Gorgia, a cui era appunto intitolato.

---

56 Durante la stagione agrumaria affluivano a Lentini gruppi consistenti di lavoratori di altre città, in particolare di Giampilieri (ME). Molti di costoro decideranno di stabilirsi definitivamente a Lentini, costituendo così una "colonia" numerosa e compatta, tuttora esistente, prevalentemente insediata nel quartiere nord della Città.

Ma erano già all'orizzonte fatti nazionali e locali che avrebbero messo a dura prova il tentativo di Marilli di attenuare le forti tensioni politiche e le contrapposizioni di classe da sempre presenti nella società lentinese.

Dal 14 al 25 febbraio 1956 si era svolto a Mosca il XX congresso del Partito Comunista dell'Unione Sovietica (PCUS), il partito guida del comunismo mondiale o almeno di quello "ortodosso", durante il quale il suo segretario Nikita Krusciov aveva demolito il mito di Stalin, mediante un "rapporto segreto", arrivato in occidente nel giugno successivo.

La notizia aveva traumatizzato la base comunista ed aveva scosso anche l'alleanza coi socialisti, il cui *leader* Pietro Nenni aveva scritto alcuni memorabili articoli sulla rivista ufficiale del partito *Mondo operaio*, in cui era andato oltre la critica dello stalinismo, investendo il sistema sovietico del partito unico, rilevandone l'incompatibilità con i principi di democrazia e di libertà che stanno alla base del socialismo, che il PSI faceva propri.

Il 25 giugno, dunque pochi giorni dopo l'elezione a sindaco di Marilli, a Poznan, in Polonia, si verificarono sanguinosi incidenti tra operai e polizia. Il 27 agosto ebbe luogo l'incontro di Pralognan tra Nenni e Saragat, che sembrava preludere ad un'imminente stagione unitaria tra PSI e PSDI, tanto che il 4 ottobre successivo il Patto di unità d'azione tra PCI e PSI fu trasformato in un semplice Patto di Consultazione che non ebbe mai alcun seguito concreto.

Ma l'avvenimento più lacerante si verificò la mattina del 24 ottobre, quando i carri armati sovietici entrarono a Budapest per soffocare la rivolta di operai e studenti contro il regime stalinista e il 4 novembre, quando gli invasori aprirono il fuoco sui rivoltosi. Avvenimenti sui quali assai diverso fu il giudizio di comunisti e socialisti[57].

Nenni scrisse sui suoi diari: *A Budapest si combatte. A Budapest si muore. E nei combattimenti e nel sangue si spegne un sistema. L'intervento sovietico è un atto di provocazione [...] L'internazionalismo diviene colonialismo. È spaventoso [...] L'intervento sovietico scava un abisso fra noi e i comunisti. Ormai la polemica sta per diventare aperte e pubblica [...]*[58].

Era l'inizio di una frattura a sinistra tra i comunisti, che approvavano l'intervento, e i socialisti, che lo condannavano.

La cosa non poteva non avere ripercussioni anche a Lentini, nel Consiglio Comunale, in cui i partiti di maggioranza riuscirono a trovare un compromesso, anche grazie al contributo di Marilli, che chi scrive immagina combattuto tra la fedeltà al suo partito e lo spirito libertario a cui si era abbeverato in gioventù.

Il C.C. [Consiglio Comunale] dunque auspicava che *il sangue prezioso sparso per le vie di Budapest fecondi le definitive vittorie dei lavoratori ungheresi per il trionfo delle loro aspirazioni ad un'esistenza civile e di benessere sociale*[59].

---

57 Per i comunisti si trattava di un tentativo controrivoluzionario di destra per rovesciare il regime, per i socialisti gli ungheresi chiedevano semplicemente democrazia e libertà.

58 Pietro Nenni *Gli anni del centro-sinistra* Ed. Sugarco, 1981, pagg. 755-756.

59 Dall'Ordine del Giorno approvato dal Consiglio Comunale di Lentini il 30-10-1956.

Nell'ottobre 1957 l'esperienza di Marilli alla guida del Comune di Lentini subì una brusca interruzione. Dovendosi infatti egli ricandidare in vista delle imminenti elezioni politiche del 25 maggio 1958, al fine di evitare le incompatibilità stabilite dalla legge elettorale, dovette rassegnare le dimissioni dalla carica di sindaco, facendosi però eleggere assessore nella nuova compagine del governo cittadino[60].

Marilli fu candidato sia al Senato che alla Camera, cosa che attesta la fiducia che, almeno apparentemente, il partito riponeva in lui. La rielezione del popolarissimo ex sindaco di Lentini a deputato era infatti data per scontata, visti gli orientamenti emersi ai vari livelli direttivi.

Il partito comunista di Lentini, che sostenne compattamente Marilli, riportò 5966 voti (38,6 %) al Senato e 7587 voti (43,9 %) alla Camera[61], ma Marilli non fu rieletto.

La mancata elezione di Marilli al Senato era pressoché scontata, per i meccanismi della legge elettorale; ma per la Camera, in cui l'elezione avveniva mediante scrutinio di lista e voto di preferenza, il discorso era diverso. Essendo il Collegio di Catania assai vasto[62],

---

60 La nuova compagine, subentrata (18-10-1957) alla giunta Marilli risultava così composta: sindaco il rag. Vitale Martello; assessori effettivi: Otello Marilli, Ciccio Ciciulla, Cirino Garrasi (PCI), Luigi Di Pietro (vicesindaco), Sebastiano Centamore, Alfio Ferrauto (PSI); assessori supplenti: Fortunato Mastrogiacomo (PCI), Alfio Floridia (PSI).

61 Il notevole dislivello percentuale tra Senato e Camera era dovuto alla presenza delle forti candidature al Senato di Genovese del PSI (13,5 %) e di Signorelli del PLI (9,7 %).

62 Comprendeva le province di Messina, Catania, Siracusa, Ragusa ed Enna.

la distribuzione dei voti di preferenza veniva stabilita dalla direzione regionale del partito, il quale – è opportuno ricordarlo – era l'unico capace di orientare la propria disciplinata base elettorale nella espressione dei voti di preferenza, ossia di determinare, con scarsissimi margini di errore, i propri eletti. Marilli doveva essere fra questi. Senonché egli, mentre nelle altre zone che gli erano state "assegnate" raccolse le preferenze previste, a Siracusa registrò un netto insuccesso[63], avendo all'ultimo momento, alcuni dirigenti siracusani – così si ipotizzò - dirottato le preferenze verso altro candidato.

Il malcontento nella forte sezione di Lentini, già orgogliosa di poter avere un proprio deputato, che si era battuta con vigore in una difficile campagna elettorale avvenuta poco tempo dopo i drammatici "fatti d'Ungheria" che avevano determinato anche importanti defezioni a livello nazionale[64], era perciò assai diffuso.

La delusione si trasformò ben presto in rabbia e la rabbia in desiderio di "accarezzare le spalle"[65] ai presunti responsabili di quello che appariva come un evidente gioco sporco di alcuni dirigenti provinciali ai danni di Marilli e della sezione lentinese. Qualcuno ebbe la diabolica idea di invitare, con un telegramma, la Federazione provinciale a inviare propri rappresentanti a Lentini

---

63 Fu invece rieletto il siracusano on. Giuseppe Bufardeci.

64 Lasciarono allora il PCI alcuni noti intellettuali, quali Italo Calvino, Loris Fortuna, Antonio Giolitti, Carlo Muscetta, Eugenio Reale, Natalino Sapegno, Elio Vittorini.

65 L'espressione allude a quella usata dal Manzoni ne *I Promessi Sposi*, a proposito di certi prepotenti soldati spagnoli del '600 che *insegnavan la modestia alle fanciulle e alle donne del paese...*

per dare adeguate spiegazioni sull'accaduto ai depressi "compagni di base" e per placarne l'amarezza. Accogliendo la richiesta fu mandata a Lentini una delegazione[66], la quale, posteggiata l'auto in piazza, si recò tranquilla alla sezione di Via Roma per "dare spiegazioni" ai compagni, che attendevano numerosi. I quali le "spiegazioni", anziché riceverle, preferirono darle, e in modo... assai concreto[67].

Marilli si dimise anche da assessore e lasciò Lentini. Ma un uomo del suo talento non poteva essere accantonato e così il Nostro, nel novembre 1958, fu inviato in Cina, come membro di una delegazione del PCI col compito di acquisire una più diretta conoscenza di quella società. Nel 1960 poi lo troviamo a Palermo come Direttore del "Centro per l'assistenza tecnica alle cooperative agricole", praticamente a svolgere la sua attività preferita. Nel 1962 fu eletto consigliere provinciale di Catania.

Alle porte di Lentini cioè.

Intanto a Lentini, dove accanto all'antica sezione "Gramsci" di via Roma erano sorte le sezioni "Lenin" (zona "Sopra fiera") e "Lo Sardo" (zona "S. Paolo"), la maggiorana del partito era stata conquistata, in tutte e tre le sezioni, dai seguaci di Arena, la cui candidatura a sindaco appariva ormai scontata.

---

66 Era composta dai dirigenti Salvatore Dugo, Epifanio La Porta e Ciccio Messina, quest'ultimo lentinese.

67 In quella giornata andò purtroppo distrutto il prezioso archivio storico della sezione comunista di Lentini, come chi scrive ebbe modo di verificare anni dopo.

Lentini 1956: Premiazione allo Stadio comunale, primo campionato locale di calcio - Marilli al centro

Le elezioni comunali del 6 novembre 1960, le prime tenute col sistema proporzionale, avevano confermato la maggioranza di sinistra, formata da 18 comunisti, 4 socialisti e 1 consigliere della milazziana USCS[68], che aveva appunto eletto sindaco il carismatico Nello Arena.

La sua amministrazione non aveva però retto ad una serie di incomprensioni, congiure e dissensi interni ed esterni ed aveva dovuto lasciare il posto a un'altra di centro-sinistra, sostenuta da DC, PSI, PSDI e indipendenti che aveva eletto sindaco il socialista Mario Ferrauto. Caduta anche quest'ultima formula, era subentrata un'Amministrazione di centro, presieduta dal democristiano Alessandro Tribulato, la cui successiva caduta spianò la strada alla gestione commissariale del dott. Vincenzo Pisano.

---

68 Ne era dirigente il prof. Giuseppe Nanfitò.

Nel corso di tutto questo trambusto il PCI si era frantumato in tre tronconi, di cui solo quello centrale era rientrato nel partito dopo lo scioglimento delle tre sezioni voluto dal brillante nuovo segretario provinciale del PCI Manlio Guardo.

Alla vigilia delle nuove elezioni comunali del 22 novembre 1964 il PCI di Lentini appariva disorientato e indebolito. Non gli restava che ritentare la carta del 1956: richiamare Marilli.

Il partito era stato riorganizzato sulla base di una salda *leadership* di Guido Grande e del suo gruppo[69]; la segreteria era stata affidata ad Alfio Mollica, un intelligente ed appassionato maestro da poco rientrato a Lentini, mentre della parte operativa di fatto si occupavano due nuovi quadri emergenti: Michelangelo Cassarino e Ciccio Vinci.

Due ex consiglieri comunisti, il commerciante Vincenzo Crisci e l'ex sindaco Vitale Martello avevano deciso di organizzare una sorta di lista civica denominata "Ruota Alata", in netta contrapposizione col loro vecchio partito.

L'ala ex areniana[70], dopo aver espresso larga simpatia per le cosiddette "Tesi di Pechino", che erano emerse in seguito al dissenso russo-cinese nel mondo comunista, era approdata nel PSIUP, un partito socialista sorto dalla scissione della sinistra socialista dopo che il PSI aveva deciso l'alleanza organica con la

---

69 Carmelo Baudo, Fortunato Mastrogiacono, Ciccio Ciciulla, Cirino Garrasi, l'oculato tesoriere Delfino Tomasello, ecc.

70 Arena era emigrato a Roma, dove sembra sia rientrato nel PCI col sostegno di Umberto Terracini.

DC, col PSDI e con il PRI, per la formazione di un governo nazionale di centro-sinistra, il governo Moro-Nenni.

A Lentini però era assente una corrente di sinistra nel PSI, per cui la Federazione provinciale psiuppina decise di accogliere nel partito il nutrito gruppo di ex comunisti areniani, ora capeggiati da Paolo Carani.

La pronta adesione di Marilli, che ormai si era molto affezionato a Lentini, in cui godeva della generale stima, influì di certo nella formazione della lista, in cui furono inseriti militanti delle diverse sensibilità interne. Il PCI, galvanizzato dalla prestigiosa guida dell'ex sindaco e deputato, forte del fallimento delle Giunte a partecipazione dc e della sua netta contrapposizione alla gestione commissariale Pisano, compì, sull'onda della voglia di rivincita, un grande sforzo organizzativo.

Le urne decretarono un nuovo successo[71] per la lista comunista guidata da Marilli, che ottenne 20 seggi sui 40 del Consiglio Comunale, che fecero maggioranza con l'unico eletto del PSIUP

---

71 Il miglior successo conseguito dal PCI da solo (7896 voti, pari al 46,6 %) in elezioni comunali effettuate col sistema proporzionale. Fra gli eletti Alfio Mollica, segretario della sezione, Michelangelo Cassarino, futuro sindaco, i sindacalisti Ciccio Ciciulla e Graziella Vistrè, Peppino Calamaro, Cirino Garrasi, gli indipendenti Salvatore Formica, presidente dell'Alleanza Contadina ed Enzo Tondo, sostenuto da un gruppo socialista autonomo. Successivamente Tondo aderirà al PCI.

La lista tuttavia accusò qualche flessione rispetto alle consultazioni elettorali che avevano immediatamente preceduto le comunali: le politiche del 28 aprile 1963 (49,7 % alla Camera) e le regionali del 9 giugno 1963 (50,7 %). La flessione era probabilmente dovuta alla nuova presenza di PSIUP e Ruota Alata, composte prevalentemente da ex comunisti.

(2,4 %), il prof. Peppino Ferrauto, uno dei rari esponenti di quel partito provenienti dal PSI.

Quest'ultimo (8,6 %), con i suoi tre consiglieri[72], decise di concedere un appoggio esterno. Tutti gli altri partiti rimasero all'opposizione[73].

Marilli dunque fu eletto sindaco (10 dicembre 1964) per la seconda volta con una Giunta inizialmente composta da PCI e PSIUP[74] e con l'appoggio esterno del PSI[75], che entrerà in Giunta nel febbraio 1966, con due assessori[76].

La giunta tuttavia subirà diversi rimaneggiamenti, principalmente dovuti alle vicende interne del gruppo socialista[77], ma troverà il suo

---

72 Alfio Bosco, Antonino Di Noto e Sebastiano Centamore, la cui *leadership* si andava sempre più consolidando nel PSI..

73 La DC (10 seggi, tra cui Leonardo Odierna, Pasquale Valenti, Gianni Cannone, Pippo La Rocca, Nino Guercio), "Ruota Alata" (1 seggio: Vincenzo Crisci), "Torre e Bandiera", lista congiunta del Circolo "Don Sturzo" e del PLI, (2 eletti: avv. Vincenzo Bombaci e avv. Alfio Sgalambro), MSI (2 seggi: Avv. Salvatore Neri e Nicola Tarantino, a cui in seguito subentreranno il rag. Salvatore Manoli e il cav. Attilio Iachelli), PSDI (1 seggio: Peppino Pisano).

74 Sindaco: Otello Marilli; assessori effettivi; prof. Peppino Ferrauto, vicesindaco (PSIUP), Alfio Mollica (segretario del PCI), Carmelo Baudo, prof. Michelangelo Cassarino, sindacalista Ciccio Ciciulla (PCI), Enzo Tondo (socialista ind., poi PCI); assessori supplenti: Cirino Garrasi (PCI) e Salvatore Formica (ind. di sinistra).

75 Il PSI non entrò in Giunta principalmente per il mancato accoglimento della sua richiesta di avere il vicesindaco.

76 Alfio Bosco e Sebastiano Centamore, in sostituzione di Cirino Garrasi ed Enzo Tondo.

elemento di continuità nella sindacatura di Otello Marilli, ormai punto di riferimento saldo della Città.

La *leadership* del neosindaco si caratterizzò, ancora una volta, per la politica di apertura sia nei rapporti interni di partito che in quelli con le opposizioni e con la Città in generale.

Emblematica di questo nuovo clima fu la costituzione del circolo culturale *Il Ponte*, di cui egli fu uno degli esponenti principali, assieme al pretore Salvatore Paglialunga[78] e allo scrittore Sebastiano Addamo[79]. Il circolo, anche nella sua denominazione,

---

77 Il gruppo socialista aumentò a 4 consiglieri con l'adesione di Francesco Aurora, eletto nella lista del PCI, per poi scendere a due, essendosi l'assessore Bosco dichiarato indipendente e il consigliere Aurora dimesso dalla carica.

Il 30 ottobre 1966 giunse a conclusione il processo di fusione tra PSI e PSDI e il direttivo del partito unificato(PSU) chiese a Centamore di lasciare la poltrona assessoriale per meglio amalgamare il gruppo consiliare. Centamore allora non eseguì la direttiva del partito. Si dimise, invece, nel 1967, ritenendo il suo peso politico ormai irrilevante, specie dopo le dimissioni da consigliere di Aurora, che fecero tornare a 20 i consiglieri del PCI che, sostenuto dall'assessore Bosco e dal psiuppino Ferrauto, poteva ormai contare su una maggioranza di 22 consiglieri su 40. Quest'ultima situazione rimarrà immutata fino alla fine della legislatura.

78 Il pretore Salvatore Paglialunga, anch'egli proveniente da Firenze, come Marilli, era stato seguace del *leader* della sinistra democristiana, nonché famoso sindaco di Firenze e noto pacifista, Giorgio La Pira (1904-1977), le cui idee solidaristiche aveva diffuso fra i giovani universitari cattolici di Lentini come Enzo Nicotra, Carlo Mugno, Cirino Di Mauro, ecc.

79 Sebastiano Addamo (1925-2000), prima insegnante di Filosofia, fu preside del Liceo Scientifico e poi del Liceo Classico di Lentini. La sua vasta produzione letteraria si occupò di narrativa (*Il giudizio della sera, I mandarini*

voleva lanciare un ponte ideale tra la cultura laica, illuminista o marxista, e quella cristiano-democratica, quasi anticipando di molto quella che sarà la creatura politica di Romano Prodi[80].

La personalità del sindaco influenzò l'intera vita pubblica lentinese. Egli si caratterizzò per la sua umanità e per la sua naturale cortesia, amplificata dal suo accento fiorentino, che lo resero gradito in tutti gli ambienti; per la sua assoluta mancanza di superbia, che faceva di lui un "intellettuale organico" del movimento operaio e contadino, che i braccianti percepivano come uno di loro; per la sua preparazione non solo tecnico-professionale, che lo mise in contatto con tutti i ceti più acculturati della Città; per la sua pazienza, che lo spingeva ad ascoltare chiunque, anche per ore: basti pensare che nelle lunghissime riunioni del PCI di allora era invalsa l'abitudine per cui chi riusciva ad ottenere la parola se la coccolava per ore, senza pietà per gli sfiniti ascoltatori; e lui lì, a prendere appunti, senza interrompere, a bere il calice amaro di chilometrici interventi capaci di mettere al tappeto il più coriaceo degli ascoltatori.

Non vanno dimenticate neppure la sua arguzia e la sua ironia: ogni 6 gennaio si passava il tempo a telefonare alle mogli dei suoi amici per "fare gli auguri di buon onomastico" e alla sorpresa di quelle che, stupite, chiedevano il motivo di tanta sollecitudine, egli

---

calvi ecc.), di poesia (*Il giro della vite*, *Le linee della mano*, ecc.), di saggistica (*Vittorini e la narrativa siciliana contemporanea*, *Zolfare di Sicilia*, ecc.).

80 Il Partito Democratico, fortemente voluto da Prodi, fu fondato il 14 ottobre 2007.

rispondeva: "È la Befana!". A un giovane socialista emergente proveniente dai ceti popolari affibbiò l'appellativo di "Masaniello"; al leader socialista Centamore, in merito al continuo ricambio di iscritti alla sezione del PSI, disse: "Entrano gli illusi ed escono i delusi"; al *leader* contadino Formica, suo caro amico di fede evangelica, da laico incallito ebbe a dire una volta :"Salvatore, come vorrei avere la tua fede, per essere felice come te!"

Egli era anche percepito come un comunista diverso dai vari "Peppone", nel senso che era privo di ogni schematismo e di ogni dogmatismo, sia nel modo di ragionare che nel confrontarsi con gli altri; anche il suo modo di amministrare era diverso da quello dei predecessori dello stesso colore, essendo improntato alla concretezza e pronto a smussare gli angoli, quando era necessaria una mediazione tra opposte tesi o un onorevole compromesso tra diverse linee.

**Lentini, via Garibaldi 103 - Ingresso
della casa in cui Marilli abitò a Lentini**

Marilli fu uno dei primi a rendersi conto dei profondi cambiamenti che si stavano realizzando nel tessuto cittadino: la diffusione della piccola proprietà contadina e l'emigrazione interna ed esterna verso lavori più sicuri e remunerativi di quelli agricoli, che svuotavano il bracciantato sia nel numero che nella combattività; il formarsi di una classe operaia evoluta nella sorgente "zona industriale"; la crisi agrumaria, dovuta in parte alla concorrenza di Paesi con basso costo del lavoro, imposto da governi fascistoidi, in parte alla scarsa propensione dei proprietari ad investire e ad associarsi per meglio sostenere la diffusione del prodotto e per costruire alternative alla monocultura agrumicola, per il momento molto lucrativa; l'incapacità dei commercianti di introdurre innovazioni tecnologiche nella lavorazione degli agrumi; la politica sindacale volta quasi esclusivamente ad ottenere miglioramenti salariali; la scolarizzazione di massa, che porterà i figli dei braccianti ad impinguare le aule universitarie e di conseguenza le file del terziario; il modello di vita diffuso dalla TV in continua espansione; e poi la "Vespa", "la Cinquecento", il frigorifero, i fermenti culturali. Marlli, cui non sfuggiva tutto questo, capì che se il suo partito, in passato appiattito esclusivamente sul numeroso bracciantato agricolo, voleva assicurarsi un avvenire politico, doveva aprirsi a nuovi ceti e a nuove adesioni. Ed egli divenne, di fatto, la guida di giovani, alcuni dei quali avranno ruoli importanti nella vita cittadina, come Elio Magnano, Alfio Pardo, Paolo Censabella, Carmelo Giudice, Riccardo Insolia, Fino Giuliano, Carlo Arcidiacono, Simone Pulia, ecc.

Si rese pure conto, Marilli, che occorreva venire incontro ad una delle esigenze primarie della nuova società lentinese emergente: la giusta aspirazione a lasciare i vecchi dormitori-alveare, dove spesso allignavano la convivenza con gli animali e una sconcia promiscuità, e ad avere una casa decente, degna di una società civile.

Questa legittima aspirazione di larga parte della società lentinese si era concretizzata però, come già accennato, in uno sviluppo edilizio caotico e senza regole, pregiudicando lo sviluppo del territorio, facile preda di speculazioni, spesso a danno della collettività. Di conseguenza Marilli e la sua giunta affrontarono con particolare attenzione la questione urbanistica, per indirizzarla verso uno sviluppo pianificato in grado di conciliare le esigenze private con quelle della collettività, riservando spazi al verde ed alla edilizia pubblici.

Furono, infatti, approvati il Regolamento Edilizio, il Piano per l'attuazione della legge 167 per l'edilizia economica e popolare, il Programma di fabbricazione e, soprattutto il Piano Regolatore Generale, il cui *iter* si concluderà localmente nel 1968[81].

Si trattava di un complesso di necessarie regole, che però finiranno col cozzare con una radicata abitudine individualistica, supportata dalla mancanza di regole, quale era quella di sopraelevare, anche su piccole abitazioni, spesso sorte su terreni geologicamente insicuri, per assicurare un appartamento ciascuno ai figli.

Inoltre la zona scelta per allocarvi l'edilizia economica e popolare era da molti vista come una sostanziale ghettizzazione del proletariato che vi si voleva allocare, mentre altri avrebbero preferito una distribuzione della "167" in diverse zone della città, per uno sviluppo ritenuto più democratico, in quanto meglio in grado di favorire l'integrazione fra i diversi ceti sociali; in più le lungaggini burocratiche e la lotta all'abusivismo finivano per causare una certa crisi del settore edilizio, suscitando quindi il malcontento delle categorie interessate.

Insomma la visione urbanistica che il PRG interpretava era vista da molti come moderna e affascinante, con i suoi spazi verdi e con le sue aree riservate a costruzioni di pubblica utilità, come il nuovo

---

81 Il PRG fu approvato dal Consiglio Comunale il 20 dicembre 1968. Sarà approvato dalla Regione Sicilia nel 1974. Era stato preceduto da numerosi dibattiti nel PCI (ma anche negli altri partiti), nella città, nei sindacati, nel Consiglio Comunale.

ospedale e i nuovi impianti sportivi; mentre da altri era considerata come troppo avveniristica e irrealizzabile.

A infliggere un duro colpo al disegno del PRG che nella sua visione complessiva inglobava il vicino Comune di Carlentini, fu l'approvazione, da parte del Consiglio Comunale della vicina Città, gelosa della sua autonomia, della lottizzazione di contrada "Santuzzi", una bellissima zona collinare territorialmente appartenente a Carlentini, ma confinante col territorio di Lentini, che finirà per essere prediletta da molti lentinesi.

Marilli si rendeva conto di ciò e spesso amava verificare le conseguenze pratiche delle sue scelte e andare a sentire di persona le richieste, i giudizi, le osservazioni degli interessati[82].

La particolare attenzione prestata alla questione urbanistica non fece sottovalutare al sindaco altre impellenti problematiche, come quella della rete idrica che, incarnando l'antica metafora, "faceva acqua da tutte le parti" e di quella fognaria, della funzionalità dei servizi comunali, dell'ampliamento del Palazzo del municipio, della indisciplinata circolazione stradale.

Interessante il giudizio, su questo periodo, di un protagonista di allora, nonché collaboratore di Marilli, Enzo Tondo:

---

82 Un pomeriggio dei primi anni '70, quando ero assessore, mi disse, con tono benevolo, ma perentorio: "Vieni con me", senza aggiungere altro. Ci avviammo, a piedi e in silenzio, lungo la via Conte Alaimo, verso la zona "167". Girammo a piedi, per due ore, tutto il quartiere, a sentire le esigenze della gente sui più disparati argomenti. Fu per me una lezione di vita e di modo di far politica irripetibili.

L'amministrazione Marilli, dopo un avvio di grande impatto, con decisioni che prefiguravano un nuovo ed efficace approccio a grandi problemi (urbanistica, acqua, gestione del personale, viabilità, ecc.) e qualche deliberazione da me non condivisa (in particolare quella che cancellava l'autonomia di gestione della biblioteca comunale che io osteggiai votando contro in Consiglio Comunale), cominciò a perdere efficacia e consenso.

A mio avviso ciò avveniva perché la gestione del Comune era diventata l'unica attività del PCI, per cui il Partito e l'Amministrazione Comunale finivano per identificarsi, sovrapporsi e limitarsi reciprocamente.

Il Partito finiva per non vedere le mutazioni profonde della società lentinese e cioè il rapido superamento del bracciantato, tradizionale punto di forza della sinistra a Lentini, che evolveva proponendosi a ceto medio grazie alla piccola proprietà assai diffusa e all'alto reddito dell'agrumicultura, che si cumulava con buone retribuzioni; la trasformazione di una significativa quota di bracciantato in operai del polo industriale Priolo-Augusta allora in espansione.

Esso quindi rimaneva legato a un mito, che cercava di perpetuare insieme al Sindacato, anche avallando delle vere e proprie storture come gli elenchi anagrafici che distribuivano a tutti ivi fossero iscritti, senza alcuna selezione, assistenza, indennità di disoccupazione, assegni familiari, ecc., creando così fra i braccianti autentici una fascia di utenza parassitaria.

A ciò si aggiunga una certa insofferenza per gli intellettuali.

*L'Amministrazione Comunale, priva di un partito interlocutore,
diventava sempre più autoreferenziale. Con cipiglio illuminista,
calava dall'alto le sue deliberazioni, separandosi così
progressivamente dal suo elettorato.*

Ciò avvenne in particolare per le scelte urbanistiche.

*Per contrastare l'espansione della città che tradizione e
speculazione orientavano verso contrada Santuzzi (peraltro
territorio di Carlentini) venne scelta, per l'edilizia popolare ed
assistita, la zona che rimane in direzione di Francofonte.*

*Scelta corretta e politicamente ineccepibile, perché avrebbe dovuto
riorientare l'espansione e calmierare i prezzi delle aree edificabili,
anche quelle gestite dalla speculazione.*

*Era una scelta coraggiosa e difficile che però era possibile solo con
la condivisione dei cittadini da ricercare con pazienza e costanza.*

Per il momento la grande e meritata popolarità di cui egli godeva e
l'impegno, la serietà e l'intelligenza con cui egli svolgeva la sua
azione politica a Lentini, e spesso anche nei centri viciniori, dentro
e fuori il PCI, resero quasi naturale la candidatura di Marilli alle
elezioni regionali dell'11 giugno 1966, che si conclusero con la sua
elezione all'ARS[83].

Quelle elezioni costituirono un notevole successo anche per il PCI
di Lentini che, con 8700 voti (51,5 %), riconquistò la maggioranza

---

83 Marilli fu eletto nel Collegio di Siracusa con 21.688 preferenze su 46.488
voti di lista.

assoluta; successo reso ancor più rilevante dall'affermazione del PSIUP suo alleato (3,3 %)[84].

Le elezioni politiche del 19 maggio 1969 riconfermarono il successo del PCI (50,39 %) e quello del PSIUP (3,85 %)[85]. Ma il vero banco di prova, per l'Amministrazione Comunale, sarebbero state le elezioni per il rinnovo del Consiglio Comunale, fissate per il 7 giugno 1970, contestualmente alle elezioni provinciali[86].

Il PCI – segretario era allora Guido Grande – approntò una buona lista – aperta ad apporti di intellettuali affermati, come lo scrittore Sebastiano Addamo e il pittore Luigi Dugo, ma non riuscì a ripetere il successo del 1964, poiché, col suo 42,3 %, scese dai precedenti 20 a 18 consiglieri[87]; flessione[88] solo parzialmente compensata dal relativo successo del PSIUP (6,4 %) che ne ottenne

84 Deludente fu invece il risultato (6,2 %), a Lentini, del PSU (Partito Socialista Unificato), sorto dalla fusione (30-10-1966) tra PSI e PSDI, che non riuscì a raccogliere i consensi che avevano ottenuto separatamente i due partiti, rimanendone anzi molto al di sotto. Anche i risultati nazionali andarono nella stessa direzione e perciò rappresentarono una spinta per la nuova scissione tra socialisti e socialdemocratici, messa in atto il 4-7-1969.

85 Al Senato la lista unica PCI- PSIUP riportò il 53 %.

86 Alla Provincia furono eletti due democristiani lentinesi: il giornalista Gianni Cannone, che sarà eletto capogruppo e l'avv. Salvatore Moncada, che diventerà in seguito assessore alla Pubblica Istruzione.

87 Fra gli eletti l'on. Otello Marilli, lo scrittore Sebastiano Addamo, i proff. Michelangelo Cassarino e Alfio Siracusano, i maestri Alfio Mollica e Salvatore Di Mauro, i sindacalisti Ciccio Ciciulla e Fortunato Mastrogiacomo, il pediatra Alfio Nipitella. Successivamente, per surroga, subentrerà il grande pittore Luigi Dugo.

2[89]. I due partiti, col sostegno esterno[90] dei tre consiglieri[91] del PSI, elessero, per la terza volta, Marilli sindaco di Lentini e la nuova Giunta Comunale[92].

L'opposizione era rappresentata dai 14 consiglieri della DC[93], dai due del MSI[94] e dall'unico socialdemocratico[95].

Svaniti i fumi dell'ebbrezza di quella che, tutto sommato, era una riconferma delle sinistre alla guida della Città, si verificò in seno al

---

88 La flessione era in parte dovuta al successo del PSIUP e alla presenza di una lista del Partito Rivoluzionario Marxista-Leninista d'Italia (filocinese), il quale senza ottenere seggi, conseguì l'1,1 % dei voti.

89 Il nuovo *leader* della sezione avv. Filadelfo Lazzara e il giovane Angelo Celso.

90 Il PSI entrerà in Giunta nel febbraio 1971 con due assessori: Sebastiano Centamore (vicesindaco) e Ferdinando Leonzio.

91 Sebastiano Centamore, Ferdinando Leonzio e Saro Chiarenza, poi sostituito da Saro Renna. Nel corso della sindacatura Marilli i gruppi consiliari socialista e socialproletario si comporranno e scomporranno più volte, in seguito agli spostamenti dei consiglieri Celso e Renna, con conseguenti ripercussioni sulla composizione della giunta Marilli.

92 La Giunta Municipale era così composta: on. Otello Marilli (PCI), sindaco; Assessori: avv. Filadelfo Lazzara (PSIUP), vicesindaco, prof. Michelangelo Cassarino, prof. Alfio Siracusano, Cirino Caracciolo, Paolo Innocenti, Luciano Conti (PCI), prof. Sebastiano Addamo e Salvatore Formica, *leader* dell'Alleanza Contadina (indipendenti).

93 Furono eletti, fra gli altri, l'avv. Vincenzo Bombaci, prestigioso capogruppo, che nel 1966 era rientrato nel partito, il geom. Pippo Galatà, il rag. Pippo La Rocca, l'avv. Alessandro Tribulato, in seguito sostituito dal cav. Cirino Floridia.

PCI una caduta di tensione, probabilmente dovuta alle prolungate assenze del segretario da Lentini[96], per ragioni di lavoro, determinando di conseguenza una specie di supplenza dei quadri amministrativi nei confronti della sezione, un certo verticismo nelle decisioni ed anche delle aspettative clientelari che possono insorgere nei partiti quando gestiscono a lungo il potere. Serpeggiava, inoltre, nel PCI una certa insofferenza da parte di coloro che cercavano spazi direttivi o istituzionali, in quel momento saldamente occupati dal gruppo che ruotava attorno all'Amministrazione. Insoddisfatte anche apparivano alcune fasce di sottoccupati, sempre smaniosi di nuovi cantieri di lavoro in cui parcheggiare per qualche tempo.

Insomma, un groviglio di aspirazioni, aspettative, simpatie, antipatie, mormorii, malintesi, gelosie, rivalità, gruppi, sottogruppi che alla lunga finiranno per avvelenare il clima nel PCI lentinese, fino alla catastrofe finale.

Intanto si avvicinava la data delle consultazioni elettorali per il rinnovo dell'ARS, fissate per il 13 giugno 1971. Il PCI e il PSIUP, allo

---

94 Il cav. Attilio Iachelli e la prof.ssa Sara Sferrazzo Curcio, entrata in Consiglio Comunale in surroga dell'avv. Salvatore Neri, eletto al Consiglio Provinciale.

95 L'ing. Andrea Amore, astro nascente della locale socialdemocrazia, sostituito in seguito da Peppino Pisano.

96 Quando Guido Grande scelse l'impegno politico a tempo pieno, diventando segretario provinciale della CGIL, alla segreteria della sezione comunista di Lentini gli successe il prof. Alfio Siracusano, che la terrà fino agli inizi del 1975, quando sarà sostituito dal giovane Elio Magnano.

scopo di sfruttare al meglio il meccanismo di assegnazione dei seggi[97], decisero di presentare due liste congiunte[98]: una denominata PCI-PSIUP, da votarsi, dai due partiti, solo nella zona di Siracusa[99] e un'altra, chiamata "Blocco del Popolo" da votarsi, sempre dai due partiti assieme, nella zona di Lentini. In quest'ultima fu candidato, ed eletto, Otello Marilli, che fu poi chiamato a far parte della Commissione "Bilancio e Finanze" dell'ARS.

A Lentini Il Blocco del Popolo (lista con Marilli) ottenne 7129 voti (41,6 %), mentre la lista PCI-PSIUP, che secondo gli accordi non doveva essere votata a Lentini, ottenne invece un buon 3,3 %: segno questo che una consistente fetta dell'elettorato psiuppino, di orientamento sostanzialmente anticomunista, non aveva voluto votare per Marilli.

La somma delle due liste assieme comunque non raggiungeva la maggioranza assoluta ottenuta nelle precedenti competizioni elettorali e dunque rappresentava un campanello d'allarme, che allora non fu colto.

---

97 I due partiti miravano ad ottenere, anziché un seggio pieno e un resto piccolo, due forti resti che avrebbero assicurato loro, con ogni probabilità, due seggi all'ARS.

98 Il PCI in particolare non era nuovo a certe alchimie elettorali, ma qualcuno ha voluto maliziosamente azzardare l'ipotesi che tale marchingegno fosse stato predisposto per colpire Marilli o comunque per ridurne l'influenza.

99 In quella zona fu eletto il prestigioso *leader* del PSIUP siciliano, nonché ex presidente della Regione Sicilia, Salvatore Corallo.

Successivamente fu costituito, per iniziativa dell'Amministrazione Provinciale di Siracusa, un comitato di coordinamento per lo sviluppo economico della provincia, detto il "Comitatone" in cui erano presenti tutti i partiti dell'arco costituzionale e i loro parlamentari (e quindi anche Marilli), nonché le rappresentanze sociali, i quali *si facevano carico di trasferire i problemi del Siracusano all'Assemblea regionale, con apposite mozioni, ordini del giorno, interrogazioni e partecipazioni ai dibattiti*[100].

Da ricordare, a questo proposito, un importante ordine del giorno presentato da Marilli, assieme all'on. Santi Nicita (DC), in occasione della discussione sulla legge di finanziamento degli invasi in Sicilia, con cui si impegnava il Governo della Regione a chiedere un finanziamento per la ricostituzione del Biviere[101].

Il 7 maggio 1972 il PCI di Lentini e l'Amministrazione Comunale, che sempre più ne era la sovrapposta espressione visibile, furono chiamati ad una nuova prova, in occasione del rinnovo del Parlamento Nazionale. Prova che fu sostanzialmente superata, in quanto nel voto per la Camera[102] il PCI (45,8 %), sommando i suoi voti a quello del suo alleato PSIUP (4,3 %), si riportò di nuovo sopra la soglia della maggioranza assoluta, nonostante la presenza, nella

---

100 Santi Nicita *Sul filo dei ricordi...* APED, 2005, pag. 94.

101 Vedi S. Nicita, cit., pag. 113.

102 Al Senato, dove si erano presentate assieme, PCI e PSIUP riportarono il 49,7 %.

competizione, di piccole liste di sinistra concorrenti[103], che complessivamente raccolsero l'1,99 %[104].

All'inizio dell'autunno dello stesso anno 1972 un nuovo problema venne posto al PCI lentinese e a Marilli, questa volta dalla Federazione Provinciale del Partito. Secondo la nuova tesi, Marilli non era più in grado di reggere, con la necessaria efficienza operativa, il doppio incarico di deputato regionale, che lo costringeva a lunghe permanenze a Palermo per i lavori d'aula o di commissione, e la carica, molto impegnativa, di sindaco di Lentini, alla quale pertanto doveva rinunciare, passando il bastone del comando ad un altro.

---

103 Movimento Politico dei Lavoratori (0,07 %), Partito Comunista della Sicilia (marxista-leninista) (0,14 %), Partito Comunista Marxista Leninista Italiano (0,27 %), Manifesto (0,70 %). Del Manifesto di Lucio Magri, nato da una scissione del PCI, l'esponente più noto a Lentini era lo storico prof. Rosario Mangiameli. Il movimento aveva candidato alla Camera il prof. Giovanni Pattavina, ex sindaco (1947-48) comunista di Lentini.

Si stava, inoltre, allora formando a Lentini, per iniziativa di Giovanni Scuderi, Salvatore Giuffrida e Ciccio Consiglio, un nucleo del PRI, che ottenne l'1,2 % al Senato e l'1,08 % alla Camera.

104 Il cattivo risultato del PSIUP a livello nazionale nelle votazioni per la Camera (1,9 % e nessun seggio) indussero il partito a sciogliersi (13-7-1972). La maggioranza (Vecchietti, Valori, Libertini, Corallo) decise di confluire nel PCI (67 %); una minoranza (Avolio, V. Gatto) optò invece per il rientro nel PSI (9 %) e un'altra minoranza (Foa, Miniati) scelse di proseguire autonomamente la propria battaglia politica costituendo il Nuovo PSIUP (23,8 %). A Lentini, invece, anche se in tempi diversi, tutti i gruppi e correnti finirono per confluire nel PSI. Nello stesso periodo aderì al PSI l'ex sindaco comunista rag. Vitale Martello.

Obiettivamente era vero che il doppio lavoro di Marilli, non più giovanissimo, era stressante, anzi lo era già la sola carica di sindaco. Essa comportava, infatti, prolisse e faticose riunioni di partito, che voleva essere informato di tutto, riunioni del suo gruppo consiliare, dei gruppi di maggioranza, riunioni consiliari da preparare con cura, vista la presenza nell'opposizione di avversari politici preparatissimi e agguerriti come il capogruppo DC avv. Bombaci; di Giunta; e poi gli incontri coi partiti alleati, gli impegni istituzionali e, ancor di più, l'abitudine, ormai dilagante in città ed erroneamente ritenuta democratica, di fermare il sindaco anche per strada, per sottoporgli i più disparati argomenti, in genere personali. Lo stesso Marilli mi confermò la sua stanchezza fisica, dovuta all'incessante spola Lentini-Palermo, che lo costringeva, di fatto, a vivere quasi sempre fuori di casa. Ma forse me lo disse per non contraddire il partito in cui fermamente credeva, un po' ingenuo come spesso lo sono gli intellettuali onesti.

Ma un dubbio sull'opportunità delle dimissioni chieste al sindaco Marilli tuttavia si faceva strada in taluni. Non era quella la stessa Federazione che, contravvenendo agli accordi e alle direttive del partito, lo aveva trombato alle politiche del 1958? Non era la stessa Federazione che alle regionali del 1971 lo aveva messo nella lista più a rischio delle due che aveva deciso di presentare? Non era realistico pensare che si volesse sradicare Marilli dal "triangolo rosso" Lentini-Carlentini-Francofonte, che coi suoi abbondanti voti poteva aspirare a cariche e incarichi? Non era possibile che qualche ambizioso satrapo della Federazione vedesse quel fiorentino fattosi lentinese come una specie di "usurpatore nordico" di cariche e prebende che potevano benissimo essere appannaggio dei *ras* siracusani? Che queste aspirazioni fossero sostenute dall'insofferenza di taluni settori sindacali e dalla ricerca di spazi da parte delle nuove leve lentinesi?

Questi interrogativi, ovviamente, rimarranno senza risposta. La proposta, o meglio la decisione della Federazione, più che accettata, fu subita – in ossequio al cosiddetto "centralismo democratico" - dalla base comunista, assai riottosa nel rinunciare alla sindacatura Marilli; ancora più difficile fu far passare la candidatura alla suprema carica cittadina dell'ex assessore Cassarino.

Marilli dunque, il 18 settembre 1972, lasciò, questa volta per sempre, la poltrona di sindaco di Lentini. Il 20 successivo fu eletta la nuova Giunta[105], di cui Marilli si fece eleggere assessore, analogamente a come aveva fatto nel 1958, quando si era dimesso da sindaco per potersi ricandidare alla Camera.

Se lo scopo era rivitalizzare il partito e la sua rappresentanza istituzionale, il rimedio si rivelò peggiore del male. Senza più lo scudo del prestigioso intellettuale fiorentino, le tensioni fra amministratori comunali, sindacato, partito comunista non cessarono, anzi si rinvigorirono e si diffusero anche all'esterno, nutrite da dicerie fantasiose, quando non calunniose.

---

105 Sindaco: prof. Michelangelo Cassarino (PCI); assessori: cav. Sebastiano Centamore, vicesindaco, prof. Ferdinando Leonzio (PSI); avv. Filadelfo Lazzara (PSIUP); on. Otello Marilli, sindacalista Graziella Vistrè, Cirino Caracciolo, Paolo Innocenti (PCI); Salvatore Formica (ind.). Questa formazione rimarrà immutata fino alla fine della legislatura.

Nonostante questo clima teso, il giovane e brillante neosegretario del PCI Elio Magnano ce la mise tutta per preparare una buona lista da presentare alle elezioni comunali[106] del 15 giugno 1975. I nomi furono scelti dall'assemblea degli iscritti, con voto palese. Non mancò qualche esclusione[107] imprevista, che in realtà era un segnale del clima teso che appesantiva il mondo comunista di allora. La sconfitta era nell'aria, anche se non era possibile conoscerne in anticipo le proporzioni.

I numeri furono più duri delle previsioni: il PCI raccolse solo il 29,9 % e passò, dai 18 seggi che aveva, a 12, perdendo perciò un terzo della sua presenza consiliare[108]. Della sconfitta, direttamente o indirettamente, si avvantaggiarono tutti gli altri partiti: dei sei seggi perduti dai comunisti, cinque andarono al PSI (18,8 %), che aveva assorbito il PSIUP, e che passò da 3 a 8 consiglieri[109] e uno

---

106 Contestualmente a quelle per il rinnovo del Consiglio Comunale, si sarebbero svolte anche quelle per il Consiglio Provinciale.

107 Fu bocciata la ricandidatura di Carmelo Baudo, capogruppo uscente, uno dei quadri più intelligenti emersi dal mondo bracciantile e stretto collaboratore di Marilli.

108 Furono eletti, fra gli altri, Otello Marilli, Michelangelo Cassarino, Paolo Innocenti, Alfio Siracusano, Paolo Di Falco, il segretario della sezione Elio Magnano, Riccardo Insolia, Salvatrice Arcidiacono, Emanuela Neri (moglie del sindacalista Turi Raiti), la sindacalista Graziella Vistrè. Alle provinciali il PCI riportò a Lentini il 33 % ed elesse Lidia Costanzo Tocco.

109 Furono eletti: gli uscenti Sebastiano Centamore, Ferdinando Leonzio e Angelo Celso, gli ex consiglieri Vitale Martello e Saro Chiarenza, i nuovi Nello

probabilmente al PRI (4,6 %), che prima non aveva rappresentanti in seno al C.C.[110]; ma anche la DC che, benché perdesse un seggio passando da 14 a 13 consiglieri, diventò il partito di maggioranza relativa (30 %)[111].; il PSDI (5,7 %)[112] e il MSI-DN (11 %)[113], che avevano attaccato fortemente il PCI, raddoppiarono i loro gruppi.

In un sol colpo dunque il PCI di Lentini fu sconfitto in voti, in seggi e in percentuale, perse la maggioranza assoluta, quella relativa e, ciò che più conta, la guida ed anche la semplice partecipazione all'Amministrazione Comunale, che per oltre vent'anni la base aveva percepito come propria sicura cittadella di potere[114].

Cardillo, Vittorio Maglitto e il geom. Alfio Mangiameli, il più giovane del nuovo Consiglio Comunale.

110 L'avv. Salvatore Maddalena.

111 Del gruppo DC facevano parte, tra gli altri, l'avv. Vincenzo Bombaci, il dott. Francesco Fisicaro, il rag. Pippo La Rocca, il dott. Franco Rossitto, tutti e quattro futuri sindaci di Lentini, il rag. Roberto Addamo, il lapiriano dott. Cirino Di Mauro, il politologo Salvatore Martines e il decano del Consiglio Comunale Pasquale Valenti. Per la Provincia la DC a Lentini ottenne il 29,8 %, ma dei due consiglieri uscenti (Cannone e Moncada), fu riconfermato il solo Moncada, che diventerà Presidente della Provincia.

112 L'ing. Andrea Amore, futuro sindaco, e Peppino Pisano.

113 Il MSI, che dopo la confluenza del PDIUM (Partito Democratico Italiano di Unità Monarchica), aveva assunto la denominazione di MSI-DN (Movimento Sociale Italiano-Destra Nazionale), passò da 2 a 4 consiglieri, eleggendo gli uscenti Attilio Iachelli e prof.ssa Sara Sferrazzo Curcio, il segretario della sezione prof. Salvatore Sciuto e il dott. Nello Neri, futuro deputato e sindaco.

Per di più il malumore dell'elettorato comunista si era mantenuto entro i confini della sinistra, premiando soprattutto gli alleati-rivali *rattalori*[115] socialisti, che pure per tutta la legislatura avevano fatto parte dell'area di governo locale, come se avesse voluto *punire* espressamente il gruppo dirigente del PCI.

Ce n'era abbastanza per suscitare nei "compagni di base" malumore, cui poi subentrò lo scoramento e infine la rabbia e per convogliare tutte le insofferenze e le insoddisfazioni di varia origine in direzione di una sorta di *auto da fé* da Inquisizione. Il che rivelava come il populismo nella base comunista lentinese non fosse affatto morto, ma solo nascosto sotto la patina del *partito nuovo* voluto da Togliatti, come non lo era lo stalinismo, pudicamente coperto dal velo del *centralismo democratico*. E com'è purtroppo nella natura umana, anziché analizzare a fondo quanto accaduto e ricercare le cause della grave sconfitta, si sentì il bisogno di un capro espiatorio.

Del resto, poiché se – come si dice - la vittoria ha molti padri e la sconfitta è orfana, era allora ed è tuttora difficile individuale le cause precise di quel crollo epocale.

Possiamo però tentare un quadro delle principali ipotesi:

---

114 Fu infatti eletta una giunta di centro-sinistra DC-PSI-PRI, sostenuta anche dal PSDI, con sindaco il socialista Sebastiano Centamore.

115 Grattugie. Così certi comunisti chiamavano molti socialisti, abituati com'erano a sentirsi – chissà perché - "diversi".

1 – Il PCI, da anni appiattito sul bracciantato agricolo, di cui si era intestato la rappresentanza esclusiva, non aveva saputo cogliere – nonostante le intuizioni in tal senso di Otello Marilli – i cambiamenti strutturali della società lentinese, che registravano il continuo assottigliamento di quella categoria sociale, dovuto alla diffusione della piccola proprietà, all'emigrazione, interna ed esterna, verso il lavoro industriale, alla scolarizzazione di massa che spingeva all'espansione del terziario. Inoltre altre categorie (artigiani, coltivatori diretti, impiegati), sentendosi trascurate, cominciavano a volgere lo sguardo, e quindi il voto, altrove.

2 – Il benessere, diffusosi in città grazie alla produzione agrumaria che avvantaggiava i piccoli proprietari e favoriva la piena occupazione degli operai agrumicoli, in uno col modello di vita proposto dalla TV, spingeva masse sempre più vaste di cittadini verso forme di vita meno arcaiche, in particolare nel settore edilizio. Ognuno cioè cercava di avere una casa più comoda, con spazi e servizi igienici adeguati e di lasciarsi alle spalle i tempi, non molto lontani, in cui molti erano ancora costretti a convivere con le galline e in promiscuità. E mentre il PRG, la cui titolarità veniva attribuita a Marilli, come colui che più di ogni altro l'aveva voluto, e al suo *entourage*, non era ancora arrivato in porto, la domanda di appartamenti nuovi cresceva. Santuzzi (di cui il Consiglio Comunale di Carlentini aveva approvato la lottizzazione) divenne ben presto una "colonia" di lentinesi - ma solo di quelli che se lo potevano permettere - in territorio di Carlentini, ingrassando i proprietari di quelle aree fabbricabili. Gli altri, cioè i meno forti

economicamente, incappavano nella penuria di aree edificabili e se volevano una casa dovevano investire nell'abusivismo, con tutti i rischi che ciò comporta. Il malumore che ne derivava era prevedibile, ma il PCI non seppe dare risposte soddisfacenti.

3 – Le dimissioni di Marilli da sindaco, volute dalla Federazione, non furono mai digerite dalla base comunista, che si vide improvvisamente privata di un *leader* prestigioso.

4 – Per varie ragioni il gruppo dirigente di quegli anni aveva perso i contatti con la sua base e con la cittadinanza, che prese a percepire gli amministratori come notabili lontani dalle masse.

5 – Una certa rivalità tra partito e sindacato, forse dovuta alle visioni diverse di chi guardava al futuro sognando un avvenire migliore per i lavoratori e la Città in genere e chi doveva gestire il quotidiano e affrontare le pretese assistenziali dei ceti meno fortunati.

Palazzo Scammacca a Lentini, sede del Comune

6 – Il sorgere di gruppi di oppositori occulti, di chi cercava spazi politici, di chi non avrebbe disdegnato un po' di clientelismo, di chi cercava un cantiere di lavoro, di critici per vocazione, per cui ogni occasione era idonea, ogni argomento – vero o falso – era buono per criticare e delegittimare il gruppo dirigente, logorandolo in ogni modo, dentro e fuori il partito.

7 – Concause "minori" potevano essere l'assenza dalla lista del PCI dei popolari sindacalisti Ciciulla e Mastrogiacomo, il notevole calo di influenza sulla forte categoria degli operai addetti alla agrumicoltura, in cui stava cominciando a penetrare la DC, la forte coesione del PSI, compattamente lanciato nella campagna elettorale, la presenza, per la prima volta, di una lista del PRI, gli attacchi di socialdemocratici e missini, la diffusa sensazione,

peraltro assai sfumata, che la cosiddetta "diversità" dei comunisti non fosse poi tanto diversa.

Il 17 luglio 1975 ebbe dunque luogo un'assemblea della sezione[116] del PCI, divenuta un vero e proprio processo, con una sentenza già scritta, che stava nella tasca del segretario regionale del PCI Achille Occhetto: Marilli, Cassarino e Innocenti si dovevano dimettere da consiglieri comunali[117].

Il Pci di Lentini – moderno Saturno – si accingeva a divorare uno dei suoi figli migliori, come era accaduto in passato, per ragioni e con modalità diverse, ad altri suoi popolarissimi dirigenti.

La presa di posizione di Occhetto, peraltro obiettivamente condivisa dalla base comunista locale, o dalla sua maggioranza, decisamente orientata verso un totale rinnovamento del gruppo dirigente, può spiegarsi solo col suo intendimento di rimuovere dai vertici delle varie realtà siciliane, ovunque ci fossero, incrostazioni di notabilato. Ma Marilli, nonostante la sua statura politica e il suo prestigioso curriculum non era, non voleva essere né apparire come un notabile. Era invece uno che si divertiva in impegnative partite a dama o a scacchi coi braccianti o con gli studenti della sezione comunista.

Possiamo immaginare la sua costernazione di uomo onesto, di dirigente fedele e disciplinato del partito in cui aveva liberamente

---

116 Marilli non era presente, perché impegnato in una riunione del gruppo parlamentare all'ARS.

117 Ai tre subentrarono in Consiglio Comunale Carlo Arcidiacono, Guido Arcidiacono e Nunzio Fisicaro. Qualche tempo dopo si dimise Alfio Siracusano, sostituito da Simone Pulia.

scelto di militare, alieno dal promuovere o anche partecipare a gruppi e sottogruppi, nel vedersi ripudiato in modo così drastico e, potremmo aggiungere, irrispettoso.

Ciò che dovette allora provare si desume da una lettera, datata 24 luglio 1975, che egli decise di inviare alla Commissione Centrale di Controllo[118], per richiedere un riesame dei fatti; per

> *una valutazione che mi riguarda,* egli scrisse, *come militante prima che come uomo; di un militante che ha sempre creduto e crede in un partito che – oltre che per altri e tanti motivi – è diverso anche per il metodo e per la civile convivenza nel suo seno.*

Nella lunga e articolata lettera, da cui traspare un misto di signorile e stupefatta indignazione e di lucido ed amaro realismo, Marilli non tenta di ridimensionare l'entità della sconfitta, né il ruolo determinante ricoperto nel partito:

> *Premetto che non ho mai pensato (è ovvio) di minimizzare la situazione e che – anzi – nelle occasioni consentitemi ho evidenziato le responsabilità e gli errori e del gruppo dirigente della Sezione (benché ne esistano anche nella Federazione) e degli amministratori e, soprattutto, le mie personali, per quanto è avvenuto. E ciò con piena coscienza e consapevolezza, in quanto sono stato sindaco di Lentini dal novembre 1964 a tutto il 1972 e*

---

118 La lettera fu, per conoscenza, inviata anche alla Federazione Provinciale del partito. Marilli si era dimesso anche da componente del Comitato Federale.

*successivamente assessore, oltre ad essere componente del Direttivo
della Federazione e deputato regionale dal 1967.*

Marilli si dichiara disponibile ad un serio esame delle cause che
hanno portato alla sconfitta, prima fra tutte – egli ritiene – la linea
amministrativa tenuta sulla questione urbanistica, che egli stesso
definisce *avveniristica*. Si dichiara d'accordo perfino sull'utilità di
presentare le sue dimissioni da consigliere comunale. Quello che
però non riesce a digerire è il *metodo* seguito, senza che nessuno
avesse avvertito la necessità di un confronto di merito con lui
stesso. Né poteva accettare che il fango che gli schizzava attorno
lambisse membri della sua famiglia. Preferiva comunque
attendere, con la riservatezza e la signorilità di sempre, il parere
dell'organo in indirizzo.

La replica della Commissione Centrale di Controllo dell'11
settembre 1975 non entra affatto nel merito delle questioni,
ritenendo invece che la risposta sulle *questioni delicate e complesse*
che erano state sollevate spettasse agli organi locali del partito *nel
quadro di quell'ampio esame   dei risultati del 15 giugno che le
organizzazioni siciliane stanno compiendo.* E così conclude:

> *In una situazione così delicata e difficile l'unico suggerimento che
> possiamo e vogliamo darti, poiché tu ce lo solleciti, è di proporre i
> problemi all'interno delle istanze di partito con senso di
> responsabilità, di cosciente disciplina, di costume comunista. È*

questo uno dei modi per contribuire – come è tuo costume – allo sviluppo del partito in Sicilia.

Restava comunque il fatto che uno dei migliori dirigenti politici che Lentini abbia mai avuto e uno dei suoi migliori amministratori, innamorato-ricambiato della Città che lo aveva adottato, fu liquidato con una leggerezza che stupì tutti gli osservatori.

Marilli, nel settembre 1975, ritornò a Catania, dove si dedicò ai suoi studi e alla sua attività di deputato regionale. Terminato il mandato parlamentare, ricoprì alcuni incarichi[119] per conto della CGIL, del cui "Centro Studi e Formazione" si occupò. Per conto della Lega delle Cooperative si interessò poi di cooperative giovanili.

Nell'estate 1979 si ammalò e il 29 novembre di quell'anno cessò di vivere. Il 1° dicembre successivo fu commemorato nella sala consiliare della Città di Lentini. Sindaco era allora il prof. Riccardo Insolia, a capo di una giunta di "larghe intese". Anni dopo gli sarà intitolata una via.

Prima della commemorazione chi scrive ebbe un inaspettato onore: quello di essere appositamente avvicinato, lui non comunista, da alcuni vertici comunisti per attingere informazioni sulla biografia politica di Marilli, riconoscendogli così implicitamente la qualifica di amico personale dell'illustre defunto.

---

119 Nell'INPS e nell'Azienda Acquedotto Municipale.

Bibliografia

Simona Colarizi *Storia dei partiti nell'età repubblicana* Laterza, 1994

Giorgio Galli *Storia del PCI* Bompiani, 1976

Giorgio Bocca *Palmiro Togliatti* Feltrinelli, 2014

Giuseppe Miccichè *Il movimento socialista nella Sicilia sud-orientale* Ragusa, 2009

Ruggero Zangrandi *Il lungo viaggio attraverso il fascismo* Feltrinelli, 1976

Ferdinando Leonzio *Una storia socialista-Lentini 1956-2000* ZeroBook, 2017

Rosario Mangiameli *Officine della nuova politica* C.U.E.M., 2000

Santi Nicita *Sul filo dei ricordi...* APED, 2005

Carlo Marilli Studi preparatori per una tesi di laurea su *Otello Marilli – Biografia politica*

Appendice

Pubblichiamo una serie di materiali in appendice. La Cronologia è riproposta dall'Autore, in quanto già presente nel libro di Ferdinando Leonzio *13 storie leontine*, pubblicato nel 2007. Gli altri documenti sono inediti e scritti espressamente per questa edizione.

Cronologia di Otello Marilli

1915	11 novembre. Nasce a Firenze, da Ettore, titolare di una macelleria, benestante, e da Olimpia Becucci, maestra di ricamo.
1932	Agosto. Rimane vittima di un grave incidente stradale che gli lascia sul volto profonde cicatrici. Si cura presso l'ospedale di Udine.
1933	Consegue la maturità presso il Regio Liceo Scientifico di Firenze.
1938	Novembre. Si laurea in Agraria presso il Regio Istituto Forestale ed Agrario di Firenze. Come borsista rimane nell'ambito universitario.

1939	Si abilita per la libera professione presso la Facoltà di Agraria dell'Università di Torino. Successivamente si specializza in Agricoltura Coloniale presso l'Istituto Agronomico per l'Africa Italiana di Firenze. Viene quindi assunto dall'Ente di Colonizzazione dell'Africa Italiana.
1940/43	Dopo aver militato nel G.U.F. (Gruppo Universitario Fascista) entra a far parte di un gruppo di intellettuali esteso in varie città d'Italia, il cui esponente più illustre è lo scrittore Ruggero Zangrandi. Il gruppo passa dal dissenso interno al regime all'antifascismo più consapevole.
1944/45	Marilli aderisce al PRI.
1945	Si trasferisce a Palermo come amministratore e pubblicista del giornale *La Legione Siciliana*, diretto dall'on. Aurelio Natoli, esponente della sinistra repubblicana.
1946	È assunto dall'Ente di Colonizzazione del Latifondo Siciliano. Successivamente diventa responsabile dell'ufficio tecnico interprovinciale di Agrigento, Caltanissetta ed Enna dell'Unione Siciliana delle Cooperative Agricole, che assiste le cooperative che hanno ottenuto in concessione, in base al decreto Gullo, terre incolte.
1947	Sposa Giuseppa Dicuzzo di Palagonia, da cui avrà quattro figli: Ettore, Enrico, Olimpia ed Ornella.

1948	Il clima di violenza mafiosa, la presa di coscienza delle tristi condizioni del bracciantato siciliano, la frequentazione con Girolamo Li Causi e con Mario Ovazza lo inducono ad aderire al PCI.
1949	È docente di Meccanica Agraria all'Università di Catania. Diventa presidente provinciale della Lega Nazionale delle Cooperative, mentre cresce il suo ruolo nella Federazione provinciale del PCI di Catania.
1951	Viene per la prima volta a Lentini, dove si occupa della cooperativa *Unione*.
1953	7 giugno. È eletto alla Camera dei deputati per il PCI. Lascia l'insegnamento.
1950/55	Viene più volte a Lentini, occupandosi dei più svariali problemi connessi alla agricoltura.
1956	27 maggio. È eletto consigliere comunale di Lentini per la lista Gorgia (PCI-PSI-indipendenti) e quindi sindaco della Città (18-6-1956/15-10-1957).
1957	Ottobre. Si dimette da sindaco per potersi ricandidare alle elezioni politiche del 1958. Entra, come assessore effettivo, nella nuova Giunta, presieduta dal rag. Vitale Martello.
1958	25 maggio. Marilli, candidato al Senato ed alla Camera non viene eletto. Lascia Lentini e ritorna a Palermo presso il Centro per l'assistenza tecnica alle cooperative agricole.
1961	È eletto consigliere provinciale a Catania.

1964	22 novembre. È eletto consigliere comunale e poi sindaco di Lentini, rimanendo in carica per tutta la legislatura, a capo di giunte di sinistra.
1967	11 giugno. È eletto deputato regionale nel collegio di Siracusa.
1970	7 giugno. Viene rieletto consigliere comunale e riconfermato sindaco.
1971	13 giugno. È rieletto deputato regionale, sempre nel collegio di Siracusa, in una lista PCI-PSIUP denominata "Blocco del Popolo".
1972	18 dicembre. Si dimette da sindaco per meglio dedicarsi al mandato parlamentare. Entra subito dopo nella nuova giunta presieduta dal prof. Michelangelo Cassarino.
1975	15 giugno. Il PCI subisce una secca sconfitta alle elezioni municipali. Marilli partecipa solo alla prima seduta del nuovo Consiglio Comunale, dopo di che rassegna il mandato in seguito alle decisioni dell'assemblea sezionale del PCI di Lentini.
1979	29 novembre. Muore a Catania, dove si era trasferito.
1979	1 dicembre. Viene commemorato nella sala consiliare della Città di Lentini.

Tutti i risultati elettorali conseguiti dal PCI di Lentini dal 1946 al 1990

	Voti	%
Elezioni comunali del 17-3-1946[120].	-	-
Elezione Assemblea Costituente 2-6-1946	2979	23,1
Elezioni regionali 20-4-1947[121]	6025	42,9
Elezioni politiche 18-4-1948[122]	4583	35,8

---

[120]Per queste elezioni è impossibile calcolare i voti e la percentuale conseguiti da ciascun partito, dato il complesso sistema di votazione. Per eleggere i 30 consiglieri comunali ciascun elettore poteva esprimere un massimo di 24 preferenze per candidati della stessa lista (in questo caso bastava votare il contrassegno del partito scelto), ma anche per candidati di leste diverse, purché in numero non superiore a 24. Si potevano dunque cancellare dei nomi dalla lista scelta e sostituirli (o meno) con nomi di candidati di altre liste., anche tracciando il segno di croce accanto ai nomi di altre liste. Con questo sistema il PSIUP, partito evidentemente più forte, elesse tutti i candidati della sua lista, meno gli ultimi sei (comunisti dissidenti), per cui aveva dato all'ultimo momento la direttiva di cancellarli, ottenendo perciò 18 consiglieri. Gli altri 12 andarono al secondo partito più forte, cioè il PCI.

[121]Il PCI si era presentato nella lista Blocco del Popolo (BDP), comprendente il PSI. Fu eletto deputato regionale il suo *leader* Francesco Marino.

[122]Il PCI si presentò nella lista del Fronte Democratico Popolare (FDP), comprensivo anche del PSI e di altri raggruppamenti minori.

	Voti	%
Elezioni regionali 3-6-1951[123]	8298	56,1
Elezioni comunali 25-5-1952[124]	8327	56,3
Elezioni politiche 7-6-1953	6410	45,6
Elezioni regionali 5-6-1955[125]	6897	44,5
Elezioni comunali 27-5-1956[126]	8388	54
Elezioni politiche 25-5-1958 – Senato	5966	38,6
" " " - Camera	7587	43,9
Elezioni regionali 7-6-1959	7577	45,09
Elezioni comunali 6-11-1960	7125	42,3
Elezioni politiche 28-4-1963 – Senato	7627	48,8
" " " - Camera	8701	49,7
Elezioni regionali 9-6-1963[127]	8635	50,7
Elezioni comunali 22-11-1964	7896	46,6

123Il PCI si presentò nella lista Blocco del Popolo (BDP), comprensiva del PSI.

124Il PCI si presentò nella lista "Autonomia e Rinascita", comprendente socialisti e indipendenti.

125In queste lezioni fu eletto deputato regionale il famoso *leader* contadino Mario Strano, esponente del PCI di Lentini.

126In queste elezioni il PCI si presentò nella lista "Gorgia", assieme al PSI.

127In queste elezioni il PCI, per la prima volta, raggiunse, da solo, la maggioranza assoluta.

	Voti	%
Elezioni regionali 11-6-1967[128]	8700	51,5
Elezioni politiche 19-5-1968 - Senato[129]	8146	53.00.00
" " " - Camera	8774	50,39
Elezioni provinciali 7-6-1970	7582	43,8
Elezioni comunali 7-6-1970	7385	42,3
Elezioni regionali 13-6-1971[130] – PCI-PSIUP	566	3,3
" " " B.D.P.	7129	41,6
Elezioni politiche 7-5-1972 - Senato[131]	8035	49,7
" " " - Camera	8350	45,8
Elezioni provinciali 15-6.1975	6274	33

128In queste elezioni è eletto deputato regionale Otello Marilli.

129In queste elezioni PCI e PSIUP , per il Senato, presentarono candidati comuni.

130In queste votazioni il PCI e il suo alleato PSIUP, per una migliore utilizzazione dei resti, stabilirono di presentare due liste, da votare in zone diverse della provincia, una denominata "PCI-PSIUP e l'altra "Blocco del Popolo" (BDP). Sommando i voti delle due liste PCI e PSIUP ottennero 7695 voti il 44,9 %. In queste elezioni, nella lista BDP fu rieletto deputato regionale Otello Marilli.

131In queste votazioni, per quanto riguardava il Senato, il PCI si presentò congiuntamente al PSIUP, con candidati unici.

	Voti	%
Elezioni comunali 15-6-1975	5767	29,9
Elezioni politiche 20-6-1976 – Senato	9050	53,2
" " " - Camera	10660	52,93
Elezioni regionali 20-6-1976[132]	10398	51,61
Elezioni politiche 3-4/6/1979 – Senato	8294	49,91
" " " - Camera[133]	9211	47,22
Elezioni europee 10-6-1979	9015	48,2
Elezioni provinciali 8-9/6/1980	7176	38,08
Elezioni comunali 8-9/6/1980	5958	30,27
Elezioni regionali 21-6-1981[134]	7260	40,56
Elezioni politiche 26-27/6/1983 – Senato	7104	46,32
" " " - Camera	7683	41,81
Elezioni europee17-6-1984	8851	52,4
Elezioni provinciali 12-5-1985	7433	38,32
Elezioni comunali 12-5-1985	6116	30,59

132In queste elezioni venne eletto deputato regionale il sindacalista Guido Grande.

133In queste elezioni venne eletto deputato nazionale il sindacalista Luigi Boggio.

134In queste elezioni venne eletto deputato regionale l'on. Mario Bosco.

	Voti	%
Elezioni regionali 22-6-1986	7281	41,19
Elezioni politiche 14-15/6/1987 – Senato	6448	42,61
" " " - Camera	6962	38,13
Elezioni europee 18-6-1989	6219	40,26
Elezioni provinciali 6-7/5/1990	5078	27,65
Elezioni comunali 6-7/5/1990	4104	21,57

Sigle usate nel testo

Sigla	
ARS	Assemblea Regionale Siciliana
C.C.	Consiglio Comunale
CGIL	Confederazione Generale Italiana del Lavoro
CGL	Confederazione Generale del Lavoro
DC	Democrazia Cristiana
ECAI	Ente per il Cotone dell'Africa Italiana
ECLS	Ente di Colonizzazione del Latifondo Siciliano
ERAS	Ente per la Riforma Agraria in Sicilia
GUF	Gruppo Universitario Fascista
LIDU	Lega Italiana per i Diritti dell'Uomo
MSI	Movimento Sociale Italiano
MSI-DN	Movimento Sociale Italiano – Destra Nazionale
PCdI	Partito Comunista d'Italia
PCI	Partito Comunista Italiano
PCUS	Partito Comunista dell'Unione Sovietica
PD	Partito Democratico
Pd'Az	Partito d'Azione

Sigla	
PLI	Partito Liberale Italiano
PRG	Piano Regolatore Generale
PRI	Partito Repubblicano Italiano
PSDI	Partito Socialista Democratico Italiano
PSI	Partito Socialista Italiano
PSLI	Partito Socialista dei Lavoratori Italiani
PSIUP	Partito Socialista Italiano di Unità Proletaria
USCA	Unione Siciliana delle Cooperative Agricole
USCS	Unione Siciliana Cristiano Sociale

Indice analitico

Nota di edizione

Questo libro

Ferdinando Leonzio

Otello Marilli

ZeroBook

Otello Marilli (1915-1979) fiorentino, comunista. Sindaco di Lentini (SR), deputato alla Camera e all'Assemblea Regionale Siciliana, docente di Meccanica Agraria all'Università di Catania. Protagonista della vita politica siciliana negli anni della maggiore trasformazione sociale ed economica che l'isola abbia conosciuto negli ultimi due secoli. Questa di Ferdinando Leonzio è da considerarsi la prima biografia che sia stata dedicata a questa importante figura della storia siciliana.

L'autore

Ferdinando Leonzio è nato a Lentini (SR) il 2 gennaio 1939.

Laureato in giurisprudenza, ha insegnato per trentadue anni, fino all'anno scolastico 1997/98.

Iscrittosi diciottenne al PSI, vi ha ricoperto varie cariche: segretario del Movimento Giovanile Socialista di Lentini e vicesegretario provinciale della Federazione Giovanile

Socialista Italiana; più volte componente del Comitato Direttivo della sezione di Lentini, anche con l'incarico di segretario amministrativo, di vicesegretario ed infine di segretario politico; componente del Comitato Direttivo della Federazione Provinciale e poi della Commissione Provinciale di Garanzia.

È stato corrispondente da Lentini dell'"Avanti!" e de "L'Ora".

Consigliere comunale per due legislature, dal 1970 al 1980, è stato tre volte assessore comunale nelle Giunte presiedute dall'on. prof. Otello Marilli, dal prof. Michelangelo Cassarino e dal dott. Francesco Fisicaro.

È stato inoltre componente del Comitato Amministrativo dell'Ente Comunale di Assistenza, della Commissione Elettorale Comunale, del Consiglio di Amministrazione della Biblioteca Comunale "Riccardo da Lentini" e del Comitato di Gestione del Comune di Lentini.

Per un certo tempo si è interessato anche di sport, figurando tra i soci fondatori dell'Unione Sportiva Leontina, di cui è stato anche il primo presidente.

Ha pubblicato i seguenti libri:

Una storia socialista
Lentini 1892-1956: Vicende politiche
Alchimie
Il culto e la memoria
Filadelfo Castro
Intervista ad Enzo Nicotra
Lentini vota
13 storie leontine
L´orgia delle scissioni

Segretari e leader del socialismo italiano
Breve storia della socialdemocrazia slovacca
La scommessa
Donne del socialismo
La diaspora del socialismo italiano
Cento gocce di vita
La diaspora del comunismo italiano
Sei parole sui fumetti

Le edizioni ZeroBook

Le edizioni ZeroBook nascono nel 2003 a fianco delle attività di www.girodivite.it. Il claim è: "un'altra editoria è possibile". ZeroBook è una piccola casa editrice attiva soprattutto (ma non solo) nel campo dell'editoriale digitale e nella libera circolazione dei saperi e delle conoscenze.

Quanti sono interessati, possono contattarci via email: zerobook@girodivite.it

O visitare le pagine su: https://www.girodivite.it/-ZeroBook-.html

Ultimi volumi:
Otello Marilli / di Ferdinando Leonzio (ISBN 978-88-6711-155-8)
Dizionario politico-sociale di Nova Milanese : Passato e presente / Adriano Todaro (ISBN 978-88-6711-151-0)
Autobianchi : vita e morte di una fabbrica / di Adriano Todaro prefazione di Diego Novelli (ISBN 978-88-6711-141-1)
Sei parole sui fumetti / di Ferdinando Leonzio (ISBN 978-88-6711-139-8)

Sotto perlaceo cielo : mito e memoria nell'opera di Francesco Pennisi / di Luca Boggio (ISBN 978-88-6711-129-9)

La diaspora del comunismo italiano / di Ferdinando Leonzio (ISBN 978-88-6711-127-5)

Celluloide : storie personaggi recensioni e curiosità cinematografiche / a cura di Piero Buscemi (ISBN 978-88-6711-123-7)

Cento gocce di vita / di Ferdinando Leonzio (ISBN 978-88-6711-121-3)

Donne del socialismo / di Ferdinando Leonzio (ISBN 978-88-6711-117-6)

Neuroni in fuga / Adriano Todaro (ISBN 978-88-6711-111-4)

Accanto ad un bicchiere di vino : antologia della poesia da Li Po a Rino Gaetano / a cura di Piero Buscemi (ISBN 978-88-6711-107-7, 978-88-6711-108-4)

Il cronoWeb / a cura di Sergio Failla (ISBN 978-88-6711-097-1)

Col volto reclinato sulla sinistra / di Orazio Leotta (ISBN 978-88-6711-023-0)

L'isola dei cani / di Piero Buscemi (ISBN 978-88-6711-037-7)

Saggistica:

I Sessantotto di Sicilia / Pina La Villa, Sergio Failla (ISBN 978-88-6711-067-4)

Il Sessantotto dei giovani leoni / Sergio Failla (ISBN 978-88-6711-069-8)

Antenati: per una storia delle letterature europee: volume primo: dalle origini al Trecento / di Sandro Letta (ISBN 978-88-6711-101-5)

Antenati: per una storia delle letterature europee: volume secondo: dal Quattrocento all'Ottocento / di Sandro Letta (ISBN 978-88-6711-103-9)

Antenati: per una storia delle letterature europee: volume terzo: dal Novecento al Ventunesimo secolo / di Sandro Letta (ISBN 978-88-6711-105-3)

Il cronoWeb / a cura di Sergio Failla (ISBN 978-88-6711-097-1)

Il prima e il Mentre del Web / di Victor Kusak (ISBN 978-88-6711-098-8)

Col volto reclinato sulla sinistra / di Orazio Leotta (ISBN 978-88-6711-023-0)

Il torto del recensore / di Victor Kusak (ISBN 978-6711-051-3)

Elle come leggere / di Pina La Villa (ISBN 978-88-6711-029-2

Segnali di fumo / di Pina La Villa (ISBN 978-88-6711-035-3)

Musica rebelde / di Victor Kusak (ISBN 978-88-6711-025-4)

Il design negli anni Sessanta / di Barbara Failla

Maledetti toscani / di Sandro Letta (ISBN 978-88-6711-053-7)

Socrate al caffé / di Pina La Villa (ISBN 978-88-6711-027-8)

Le tre persone di Pier Vittorio Tondelli / di Alessandra L. Ximenes (ISBN 978-88-6711-047-6)

Del mondo come presenza / di Maria Carla Cunsolo (ISBN 978-88-6711-017-9)

Stanislavskij: il sistema della verità e della menzogna / di Barbara Failla (ISBN 978-88-6711-021-6)

Quando informazione è partecipazione? / di Lorenzo Misuraca (ISBN 978-88-6711-041-4)

L'isola che naviga: per una storia del web in Sicilia / di Sergio Failla

Lo snodo della rete / di Tano Rizza (ISBN 978-88-6711-033-9)

Comunicazioni sonore / di Tano Rizza (ISBN 978-88-6711-013-1)

Radio Alice, Bologna 1977 / di Lorenzo Misuraca (ISBN 978-88-6711-043-8)

L'intelligenza collettiva di Pierre Lévy / di Tano Rizza (ISBN 978-88-6711-031-5)

I ragazzi sono in giro / a cura di Sergio Failla (ISBN 978-88-6711-011-7)

Proverbi siciliani / a cura di Fabio Pulvirenti (ISBN 978-88-6711-015-5)

Parole rubate / redazione Girodivite-ZeroBook (ISBN 978-88-6711-109-1)

Accanto ad un bicchiere di vino : antologia della poesia da Li Po a Rino Gaetano / a cura di Piero Buscemi (ISBN 978-88-6711-107-7, 978-88-6711-108-4)

Neuroni in fuga / Adriano Todaro (ISBN 978-88-6711-111-4)

Celluloide : storie personaggi recensioni e curiosità cinematografiche / a cura di Piero Buscemi (ISBN 978-88-6711-123-7)

Sotto perlaceo cielo : mito e memoria nell'opera di Francesco Pennisi / di Luca Boggio (ISBN 978-88-6711-129-9)

Per una bibliografia sul Settantasette / Marta F. Di Stefano (ISBN 978-88-6711-131-2)

Iolanda Crimi : un libro, una storia, la Storia / di Pina La Villa (ISBN 978-88-6711-135-0)

Autobianchi : vita e morte di una fabbrica / di Adriano Todaro prefazione di Diego Novelli (ISBN 978-88-6711-141-1)

Dizionario politico-sociale di Nova Milanese : Passato e presente / Adriano Todaro (ISBN 978-88-6711-151-0)

Narrativa:

L'isola dei cani / di Piero Buscemi (ISBN 978-88-6711-037-7)

L'anno delle tredici lune / di Sandro Letta (ISBN 978-88-6711-019-3)

Poesia:

Il libro dei piccoli rifiuti molesti / di Victor Kusak (ISBN 978-88-6711-063-6)

L'isola ed altre catastrofi (2000-2010) di Sandro Letta (ISBN 978-88-6711-059-9)

La mancanza dei frigoriferi (1996-1997) / di Sergio Failla (ISBN 978-88-6711-057-5)

Stanze d'uomini e sole (1986-1996) / di Sergio Failla (ISBN 978-88-6711-039-1)

Fragma (1978-1983) / di Sergio Failla (ISBN 978-88-6711-093-3)

Raccolta differenziata n°5 : poesie 2016-2018 / di Victor Kusak (ISBN 978-88-6711-149-7)

Libri fotografici:

I ragni di Praha / di Sergio Failla (ISBN 978-88-6711-049-0)

Transiti / di Victor Kusak (ISBN 978-88-6711-055-1)

Ventimetri / di Victor Kusak (ISBN 978-88-6711-095-7)

Visioni d'Europa / di Benjamin Mino, 3 volumi (ISBN 978-88-6711-143_8)

Opere di Ferdinando Leonzio:

Una storia socialista : Lentini 1956-2000 / di Ferdinando Leonzio (ISBN 978-88-6711-125-1)

Lentini 1892-1956 : Vicende politiche / di Ferdinando Leonzio (ISBN 978-88-6711-138-1)

Segretari e leader del socialismo italiano / di Ferdinando Leonzio (ISBN 978-88-6711-113-8)

Breve storia della socialdemocrazia slovacca / di Ferdinando Leonzio (ISBN 978-88-6711-115-2)

Donne del socialismo / di Ferdinando Leonzio (ISBN 978-88-6711-117-6)

La diaspora del socialismo italiano / di Ferdinando Leonzio (ISBN 978-88-6711-119-0)

Cento gocce di vita / di Ferdinando Leonzio (ISBN 978-88-6711-121-3)

La diaspora del comunismo italiano / di Ferdinando Leonzio (ISBN 978-88-6711-127-5)

Sei parole sui fumetti / di Ferdinando Leonzio (ISBN 978-88-6711-139-8)

Otello Marilli / di Ferdinando Leonzio (ISBN 978-88-6711-155-8)

Parole rubate:

Scritti per Gianni Giuffrida: La nuova gestione unitaria dell'attività ispettiva: L'Ispettorato Nazionale del Lavoro / di Cristina Giuffrida (ISBN 978-88-6711-133-6)

Riviste:

Post/teca, antologia del meglio e del peggio del web italiano
ISSN 2282-2437
https://www.girodivite.it/-Post-teca-.html

Girodivite, segnali dalle città invisibili
ISSN 1970-7061
https://www.girodivite.it
https://www.girodivite.it

ZeroBook catalogo delle idee e dei libri

bimestrale

https://www.girodivite.it/-ZeroBook-free-catalogo-puoi-.html

www.ingramcontent.com/pod-product-compliance
Lightning Source LLC
Chambersburg PA
CBHW071744090426
42738CB00011B/2564